conselhos para o

# CEO

## MUDANÇAS CLIMÁTICAS: DESAFIOS E OPORTUNIDADES EMPRESARIAIS

conselhos para o

# CEO

## MUDANÇAS CLIMÁTICAS: DESAFIOS E OPORTUNIDADES EMPRESARIAIS

Andrew J.
HOFFMAN
John G.
WOODY

Tradução
Ana Beatriz Rodrigues

ELSEVIER
CAMPUS

Do original: *Climate Change? What's Your Business Strategy?*
Tradução autorizada do idioma inglês da edição publicada por Harvard Business Press


*Copidesque:* Shirley Lima da Silva Braz
*Revisão:* Edna Cavalcanti e Roberta Borges
*Editoração Eletrônica:* Estúdio Castellani

Elsevier Editora Ltda.
Rua Sete de Setembro, 111 – 16º andar
20050-006 – Centro – Rio de Janeiro-RJ – Brasil
Telefone: (21) 3970-9300 Fax: (21) 2507-1991
E-mail: info@elsevier.com.br
*Escritório São Paulo*
Rua Quintana, 753/8º andar
04569-011 – Brooklin – São Paulo – SP
Tel.: (11) 5105-8555

ISBN 978-85-352-2905-9
Edição original: ISBN 978-1-4221-2105-4

**Nota:** Muito zelo e técnica foram empregados na edição desta obra. No entanto, podem ocorrer erros de digitação, impressão ou dúvida conceitual. Em qualquer das hipóteses, solicitamos a comunicação à nossa Central de Atendimento, para que possamos esclarecer ou encaminhar a questão.

Nem a editora nem o autor assumem qualquer responsabilidade por eventuais danos ou perdas a pessoas ou bens, originados do uso desta publicação.

Central de atendimento
Tel.: 0800-265340
Rua Sete de Setembro, 111, 16º andar – Centro – Rio de Janeiro
e-mail: *info@elsevier.com.br*
site: *www.campus.com.br*

CIP-Brasil. Catalogação-na-fonte
Sindicato Nacional dos Editores de Livros, RJ

H647m Hoffman, Andrew J., 1961-
Mudanças climáticas : desafios e oportunidades empresariais / Andrew J. Hoffman, John G. Woody ; tradução Ana Beatriz Rodrigues. – Rio de Janeiro : Elsevier, 2008.
– (Conselhos para o CEO)

Tradução de: Climate change
ISBN 978-85-352-2905-9

1. Responsabilidade social da empresa. 2. Mudanças climáticas – Aspectos econômicos. 3. Aquecimento global – Aspectos econômicos. I. Woody, John G. II. Título. III. Série.

08-2691. CDD: 658.4083
CDU: 65.012.28

# Os Autores

ANDREW (ANDY) HOFFMAN é professor de Empreendimentos Sustentáveis da University of Michigan, cargo que reúne compromissos na Stephen M. Ross School of Business e na School of Natural Resources & Environment. Além disso, é diretor associado do Frederick A. and Barbara M. Erb Institute for Global Sustainable Enterprise. Publicou seus livros e mais de 50 artigos e capítulos de livros sobre questões ambientais e sociais e sua relação com os negócios. Em 2003, ganhou o prêmio Faculty Pioneer/Rising Star do World Resources Institute e do Aspen Institute. Seu livro *From Heresy to Dogma* ganhou, em 2001, o Rachel Carson Prize, concedido pela Society for Social Studies of Science. Fez doutorado pelo Massachusetts Institute of Technology, tem título de doutor, concedido em conjunto pela Sloan School of Management e pelo Departamento de Engenharia Civil, e formou-se em engenharia química pela University of Massachusetts, em Amherst. Antes de seu trabalho acadêmico, Andy trabalhou para a Agência de Proteção Ambiental dos Estados Unidos, Metcalf & Eddy Environmental Consultants, T&T Construction & Design e para a Amoco Corporation. É membro do conselho consultivo da Oakwood Healthcare System, do University of Michigan Museum of Art, do Earth Portal, do Center for Environmental Innovation e da Canopy Partnership, e também do conselho editorial do periódico *Organization & Environment*.

JOHN WOODY trabalha na MMA Renewable Ventures (San Francisco), onde atua no desenvolvimento e financiamento de projetos de fontes de energia renovável e eficiência energética. Antes de se juntar à MMA, John foi Business Solutions Fellow do Pew Center on Global Climate Change. Trabalhou no Business Environmental Leadership Council (BELC) do Pew Center — a maior associação de negócios dos Estados Unidos dedicada ao desenvolvimento de soluções para as mudanças climáticas — na elaboração de soluções tecnológicas e de políticas para a redução das emissões de gases de efeito estufa. Também no Pew, John trabalhou na produção de *Getting Ahead of the Curve: Corporate Strategies That Address Climate Change*, um relatório encomendado para examinar o desenvolvimento e a implementação de estratégias corporativas que abordem os riscos e as oportunidades das mudanças climáticas. Trabalhou também no Climate Center do Natural Resource Defense Council, em Washington, DC, e no Hydrogen Infrastructure Project da California Energy Commission durante o período em que esteve na TIAX, LLC, empresa de consultoria em tecnologia. John é formado em Sistemas Terrestres (com foco em ciência e tecnologia energética) e tem mestrado em Engenharia de energias, ambos na Stanford University.

# Sumário

# 1

# Resumo executivo

Hoje, o público leigo mal consegue abrir o jornal, assistir ao noticiário ou ir ao cinema sem topar com alguma menção do que se tornou o problema ambiental mais extraordinário da década: a mudança climática. No entanto, como executivo, você precisa ir além do debate público e refletir sobre os efeitos da mudança climática no ambiente de negócios. Na verdade, não deveríamos encarar a mudança climática como uma questão ambiental. Ao contrário, é preciso encará-la como uma transição de mercado. O controle da emissão de gases de efeito estufa (GEE) afetará o preço da energia e os produtos, serviços e setores que utilizam energia. Em outras palavras, afetará, em variados graus, praticamente todos os setores da economia. Alguns terão desvantagens, mas outros sairão ganhando. Como ocorre em qualquer transição de mercado, haverá vencedores e perdedores. Diante dessa nova realidade, surgem inúmeras perguntas: Que tipo de atitude relacionada ao clima é prudente para minha empresa? Existem oportunidades na incerteza dessa transição de mercado? Como meus concorrentes vêem essa situação?

O que para alguns são "limitações" para outros são oportunidades nos novos mercados mundiais de carbono, capital, tecnologias avançadas e produtos e serviços que emitam quantidades menores de gases de efeito estufa. Todos os executivos têm a obrigação gerencial e fiduciária de avaliar sua estratégia de negócios a fim de determinar se tais oportunidades existem, de fato, para sua empresa. Em última análise, é preciso analisar minuciosamente como a empresa será afetada pelo preço de mercado do carbono atualmente, no futuro próximo e no longo prazo; é preciso decidir como posicionar sua empresa de modo a aproveitar por completo esses avanços.

Este livro apresenta uma visão geral dessa avaliação estratégica, uma estrutura conceitual e as informações necessárias para lidar com a questão da mudança climática e familiarizar-se com as inúmeras outras questões que giram em torno dela. Nós, seus autores, temos uma sólida experiência na análise da interseção entre estratégia de negócios e questões ambientais. Hoffman é um premiado professor universitário que já escreveu seis livros e mais de 50 artigos ao longo de quase 20 anos de pesquisas. Woody trabalhou com empresas incluídas na lista da *Fortune 500*, aconselhando-as a respeito de políticas e estratégias climáticas, e hoje trabalha com desenvolvimento e levantamento de fundos para projetos de energias renováveis. O que criamos aqui é um livro sucinto cujo objetivo é ajudá-lo a entender os três passos mais importantes que você precisa dar para se preparar e aproveitar a questão da mudança climática, pois oferece uma vasta gama de exemplos de como outras empresas – seus concorrentes – estão abordando essa questão.

A providência mais básica tem a ver com entender seu nível de exposição ao problema. Qual é a postura de sua empresa em relação às emissões de carbono e como eventuais mudanças nas políticas e no mercado afetam o posicionamento de seus produtos e serviços? Essa é uma providência que todas as empresas deveriam tomar desde já. O próximo passo envolve tomar alguma atitude para reduzir as emissões de carbono e buscar formas de encontrar vantagens estratégicas nessas atitudes. O passo mais avançado envolve conquistar um "lugar à mesa" do desenvolvimento de políticas. As políticas que regulam as emissões de gases de efeito estufa definirão as regras do jogo e darão novos contornos à paisagem competitiva. No entanto, para conquistar um lugar à mesa, é preciso tomar atitudes dignas de crédito e desenvolver uma sólida base de conhecimentos. Assim, para conquistar esse lugar à mesa, a verdade inevitável é que é preciso começar a agir agora. O objetivo final de se desenvolver uma estratégia voltada para as mudanças climáticas é ter uma medida do controle sobre o futuro ambiente de negócios em que você atua.

Na tentativa de manter este texto o mais sucinto possível, limitamos o uso de referências que possam distraí-lo. As citações diretas foram transcritas utilizando-se notas, cujas fontes estão no fim do livro. As estatísticas foram extraídas de materiais e relatórios listados nas Referências Bibliográficas e, quando aplicáveis, são mencionadas no texto.

# 2

# As implicações das mudanças climáticas para os negócios

Não pense em mudança climática como uma questão ambiental, mas sim como uma questão de mercado. Na verdade, você pode até mesmo permanecer absolutamente agnóstico quanto à ciência da mudança climática e, ainda assim, reconhecer sua importância no contexto dos negócios. Estão sendo desenvolvidos critérios que alteram o preço do carbono em todos os níveis das economias locais e globais, e outros estão por vir. Essas novas regras afetarão os preços e a disponibilidade de energia, criando um efeito dominó ao longo da cadeia de valor. Veja bem: toda a nossa economia atual se baseia nos combustíveis fósseis. Qualquer alteração que ocorra no custo desses combustíveis fósseis – tanto como fonte de energia quanto como matéria-prima – terá impacto sobre a economia dos negócios em praticamente todos os setores. Um relatório recente publicado pela McKinsey & Company ("A Cost Curve for Greenhouse Gas Reduction" – "Curva de custos para a redução de gases de efeito estufa") comparou o impacto das regras para emissão de gases de efeito estufa com o impacto causado pela crise do petróleo na década de 1970 sobre as empresas de serviços públicos. Segundo o relatório, as regras alterarão aspectos essenciais da estratégia de negócios, inclusive "a economia de produção, a competitividade de custos, decisões de investimentos e o valor de diversos tipos de ativos".[1] Como sua empresa será afetada? Como o relacionamento com os fornecedores, a aquisição de matéria-prima, os custos de transporte e o preço final das mercadorias e produtos de sua empresa serão afetados? Se você não tiver respostas a essas perguntas, não está pronto para o que vem por aí e para o que, em muitos locais, já está aqui. Está na hora de agir.

É preciso separar a sagacidade nos negócios de sentimentos sobre o assunto (a favor ou contra) e pensar na mudança climática como uma transição de mercado, sob a forma tanto de *riscos sistêmicos* que permeiam a economia como um todo quanto de *riscos legais*, *físicos* e *relacionados às normas e à reputação* que atinge o setor e a empresa em si. Os sinais dessa transição no mercado já estão se fazendo sentir com clareza. Começam a surgir normas em todas as partes do mundo.

- **Internacionais.** Em 2004, o presidente Vladimir Putin aprovou a legislação que fez da Rússia o 126º país a ratificar o Tratado de Kyoto para controlar a emissão de gases de efeito estufa sob os auspícios da Convenção Quadro das Nações Unidas sobre Mudança do Clima (United Nations Framework Convention on Climate Change – UNFCCC). Com isso, definiu-se o limiar necessário para que o tratado entrasse em vigor, no início de 2005. Os Estados Unidos são o único país do Anexo I a não ratificá-lo. O Protocolo de Kyoto exige que os países industrializados reduzam as emissões de gases de efeito estufa em 5,2% abaixo dos níveis vigentes em 1990 ao longo do período de 2008 a 2012. Esses limites de emissão são específicos a cada país e, portanto, diferentes de um país para o outro: a Alemanha, por exemplo, precisa reduzir suas emissões em 8% abaixo dos níveis vigentes em 1990, enquanto a Noruega tem direito a um aumento de 1%. Ainda que não se espere que muitos países (como o Japão, por exemplo) alcancem suas metas de redução, já existem discussões sobre os próximos passos a serem tomados após 2012. Em 2007, representantes dos países do G8, juntamente com os países em desenvolvimento mais representativos, encontraram-se em Washington e concordaram quanto à necessidade de todos os países adotarem metas para a redução dos gases de efeito estufa, e a décima terceira reunião anual da UNFCCC concentrou-se nas medidas necessárias para iniciar o processo de elaborar um plano para o período após a vigência do tratado de Kyoto e mitigar os efeitos da mudança climática que já estão ocorrendo.

- **União Européia**. O esquema de comércio de emissões da União Européia (EU Emissions Trading Scheme – EU ETS) – é o esforço internacional mais intenso para se reduzirem as emissões de gases de efeito estufa. E, embora os planos de alocação nacionais (National Allocation Plans – NAPs) para 2005 a 2007 tenham sido generosos, causando uma queda nos preços de carbono para apenas US$0,39 por tonelada no início de 2007, os NAPs para 2008-2012 parecem ser bastante rígidos; o mercado futuro de créditos de carbono para esse período tem um preço de mercado relativamente superior, de US$20-US$40 por tonelada.

- **Reino Unido**. O Reino Unido também instituiu um esquema de comércio de emissões que se concentra nas emissões fora do EU ETS. Em março de 2007, o governo trabalhista britânico propôs os próprios limites obrigatórios às emissões de gases de efeito estufa. Ainda que o Partido Verde tenha tentado estipular um alvo de reduções extremamente agressivo, 90% até 2050, a proposta exige uma redução de 32% nos gases de efeito estufa até 2020 e de 60% até 2050, tomando como base o ano de 1990.

- **Estados Unidos**. Embora os Estados Unidos não tenham ratificado o Tratado de Kyoto, muita coisa está ocorrendo em todos os outros níveis da economia. Em dezembro de 2007, mais de 740 prefeitos, representando mais de 60 milhões de americanos, assinaram o U.S. Mayors Climate Protection Agreement (Acordo para Proteção do Clima dos prefeitos das Cidades Norte-americanas), incitando "o Congresso americano a aprovar uma legislação bipartidária para a redução de gases de efeito estufa que inclua: 1) cronogramas e limites de emissão claros; e 2) um sistema de permissões comercializáveis entre as indústrias emissoras de tais gases".[2] Quarenta e sete estados norte-americanos têm alguma forma de política relacionada ao clima: inventários de emissões, padrões de portfolio renováveis, registros de ações climáticas ou sistemas *cap-and-trade* obrigatórios (os programas *cap-and-trade* – limitar e negociar – definem um teto geral para emissões e permitem que as fontes de emissões com as opções de *compliance* de menor custo vendam créditos de emissões às entidades com maior dificuldade de realizar as reduções de emissões em suas instalações). No nordeste do país, a Regional Greenhouse Gas Initiative (RGGI) estabelece uma estratégia de redução entre dez estados, bem como no Distrito de Columbia. Na costa oeste, o California Air Resources Board foi autorizado a desenvolver regras de relato de emissões obrigatórias no âmbito da Assembly Bill 32 (AB 32). No nível federal, a Suprema Corte norte-americana autorizou a Agência de Proteção Ambiental a regular o dióxido de carbono ($CO_2$) no âmbito do Clear Air Act, em 2007. Naquele mesmo ano, o presidente Bush incitou os países que são grandes emissores a se juntarem aos Estados Unidos na estrutura internacional e em desenvolvimento nos termos da UNFCCC a reduzir as emissões após o período de abrangência do Protocolo de Kyoto. Conclamou que essa ação ocorresse até o fim de 2008, que coincide com o fim de seu mandato. Em setembro de 2007, havia mais de 100 projetos de lei relacionados ao clima tramitando no Congresso.

- **China e Índia.** Em julho de 2007, a China ultrapassou os Estados Unidos como o maior emissor de gases de efeito estufa, seis meses antes das previsões da International Energy Agency (IEA). Sem a participação chinesa e indiana nas reduções dos gases de efeito estufa, o progresso global será limitado. Diante disso, o World Business Council on Sustainable Development (WBVSD), o U.S. Climate Action Partnership (USCAP – um consórcio de corporações blue chip, inclusive DuPont, Alcoa, BP America, GE, PG&E, entre outras) e outras entidades estão exigindo abordagens que criem incentivos e estimulem ações por parte das grandes economias emissoras nos países em desenvolvimento. E parece que esses grandes emissores em desenvolvimento estão se juntando à discussão; quando os países do G8 concordaram sobre a necessidade de todas as nações adotarem metas de redução dos gases de efeito estufa, Índia e China foram dois participantes que sinalizaram disposição mensurável de se juntar às negociações internacionais para definir uma estrutura pós-2012. Representantes da Mesa-Redonda Global sobre Mudança Climática Global (GROCC – Global Roundtable on Climate Change), um grupo de 85 empresas multinacionais, prevêem que, depois de 2012, a China e a Índia concordarão em cumprir as metas de redução dos gases de efeito estufa.

Avanços desse tipo estão estimulando mercados financeiros, investidores e acionistas a começar a considerar a questão da mudança climática como um tópico relevante nas decisões que envolvem ativos de capital. Algumas das grandes seguradoras (e resseguradoras) vêm expressando uma preocupação crescente com sua exposição aos riscos físicos, financeiros e de divulgação impostos pelas mudanças climáticas. Os mercados de consumo estão começando a mudar, à medida que a venda de tecnologias eficientes relativas à energia, como prédios, automóveis e eletrodomésticos, cresce. E toda essa mudança está levando a uma questão crítica: Será que as preocupações climáticas alteram as responsabilidades fiduciárias do CEO, particularmente com relação à "materialidade" no âmbito da Lei Sarbanes-Oxley? Como observa o Conference Board: "As empresas que ignorarem o debate acerca da mudança climática o farão por sua conta e risco."[3]

Entretanto, em qualquer mudança de mercado é importante lembrar que existem tanto riscos quanto oportunidades, tanto vencedores quanto perdedores.

É hora de nos prepararmos para o pior; exige-se de você e de sua equipe gerencial uma análise cuidadosa do posicionamento de sua empresa sobre a questão da mudança climática, comparado ao dos concorrentes, e uma estratégia para buscar oportunidades à medida que elas surgirem. Determinadas empresas, indústrias e setores sofreram impactos maiores do que outros. As implicações de se abordar a mudança climática não são uniformes e a carga não terá o mesmo peso sobre todos.

Por exemplo, setores como o de energia elétrica, siderurgia, alumínio, petróleo e gás, bem como a indústria automobilística, enfrentam mais riscos do que outros. As indústrias de geração de energia e gás estão preocupadas com o impacto das regras de mudança climática sobre o valor de seus ativos existentes e futuros para a produção de energia. Como a nova capacidade de geração pode ter um tempo de vida esperado de 50 ou 60 anos, tais empresas são particularmente sensíveis à incerteza em torno das políticas climáticas futuras no que diz respeito aos investimentos estratégicos. De forma análoga, as empresas em setores que fazem uso intensivo de energia, como a de fundição de aço e outras indústrias manufatureiras, preocupam-se com a disponibilidade contínua de fontes de energia confiáveis e de baixo custo no longo prazo. As operações e, mais importante, os produtos da indústria do petróleo encontram-se bem no meio do debate sobre o clima; por exemplo, em 2005, as operações da Shell emitiram 3,6% das emissões globais de $CO_2$ provenientes da combustão de combustíveis fósseis. E a indústria automobilística encontra-se sob um olhar mais vigilante do que a maior parte das outras indústrias em razão das emissões de gases de efeito estufa criadas por seus produtos.

Porém, mais uma vez, a carga não terá o mesmo peso para todos. Nem todas as empresas de um só setor enfrentam o mesmo cenário competitivo com o mesmo conjunto de ativos. Um relatório de Doug Cogan, da Ceres, por exemplo, revelou que as empresas norte-americanas, de um modo geral, estão menos preparadas do que as européias e asiáticas para lidar efetivamente com as implicações estratégicas do problema, devido à diferença na ratificação do Protocolo de Kyoto. Jeffrey Immelt, da GE, admite que sua empresa teve de desenvolver o negócio de energia eólica na União Européia devido à ausência de um preço para o carbono nos Estados Unidos. Além disso, as empresas japonesas prevêem hoje mais assistência do governo para dar continuidade aos investimentos em tecnologias para a redução do carbono.

Onde existem incertezas econômicas, existem possíveis oportunidades de negócios. Algumas empresas terão melhor posição estratégica em relação aos concorrentes se desenvolverem a estratégia certa em meio à mudança no mercado. Regulamentações que estipulem um preço para o carbono aumentarão a demanda de fontes que gerem menos carbono, como gás natural, energia eólica, biocombustíveis, gases de aterro sanitário e energia solar, o que, por sua vez, criará oportunidades para empresas de engenharia e construção que construam instalações apropriadas à geração desse tipo de energia. Tais regras também criarão vantagens para os fabricantes de automóveis que desenvolverem expertise em tecnologias avançadas utilizando motores a diesel, híbridos, à eletricidade e tecnologias que façam uso eficiente de combustíveis. Em alguns casos, regras que obrigam o uso mais amplo de biocombustíveis vêm causando efeito positivo sobre a renda agrícola, o que pode gerar maior demanda de equipamentos agrícolas.

Considere o impacto do preço do carbono sobre os mercados de eletrodomésticos de consumo. Mais especificamente, pense naquela lava-roupas supereficiente que você vem pensando em comprar. Custa cerca de US$500 a mais do que o modelo básico que está bem ao lado. Será que você deve optar pelo modelo mais básico? Nesse exato momento, dadas as economias de água e energia da nova lavadora de roupas, você recuperará esse diferencial de preço em 4,8 anos se viver no meio-oeste dos Estados Unidos. Se você morar na Califórnia, em 1,2 ano. Quando as regulamentações da mudança climática afetam o preço da energia, esses períodos de recuperação serão menores e sua taxa de retorno sobre o investimento aumentará. E empresas como a Whirlpool estão apostando no aumento das vendas que ocorrerão.

## Fatos científicos que você precisa saber

Sua empresa tem oportunidades semelhantes à espera? Antes de refletir sobre essa pergunta, é preciso conhecer alguns fatos científicos básicos.

**O que está sendo controlado?** Existem basicamente dez gases de efeito estufa. Seis deles estão sujeitos a controle no âmbito do Protocolo de Kyoto. Três deles ocorrem tanto na natureza quanto são produzidos pelo homem. São eles: dióxido de carbono ($CO_2$), metano ($CH_4$) e óxido nitroso ($N_2O$); três deles não ocorrem na natureza: hidrofluorcarbonos (HFCs), perfluorcarbonos (PFCs) e hexafluoreto de enxofre ($SF_6$). Todo gás de efeito estufa tem um potencial de aquecimento global (GWP – Global Warming Potential), uma medida do impacto que determinado gás tem sobre a força radiativa; ou seja, o calor/energia adicional que fica retido na atmosfera terrestre por causa da presença desse gás. O potencial de aquecimento global de determinado gás descreve seu efeito sobre a mudança climática com referência a uma quantidade semelhante de $CO_2$. Assim, o equivalente em carbono ($CO_2e$) torna-se um padrão universal de medida em comparação com o qual os impactos da liberação (ou de se evitar tal liberação) de diferentes gases de efeito estufa podem ser avaliados. Como unidade básica, o $CO_2$ tem um potencial de aquecimento global (GWP) de 1; outros GWPs variam do $CH_4$, com 23, ao $SF_6$, com 23.900.

**Quanto será controlado?** O Painel Intergovernamental sobre Mudança Climática (IPCC – Intergovernmental Panel on Climate Change) determinou que temos de manter entre 450 e 550 partes por milhão (ppm) de $CO_2e$ atmosférico para "prevenir a perigosa interferência atmosférica no sistema climático".[4] Atualmente, temos uma concentração atmosférica de 430 ppm e estamos liberando 7 bilhões de toneladas de $CO_2$ por ano através da conversão de combustíveis fósseis. Isso significa que estamos aumentando a concentração geral em 6 ppm por ano meramente com o uso de combustíveis fósseis, sem incluir os outros gases de efeito estufa mais potentes. Há consenso no meio científico de que o clima mudará drasticamente se alcançarmos o dobro da concentração vigente antes da Revolução Industrial, chegando a 560 ppm; e projeta-se que nosso nível atual de emissões dobrará ao longo dos próximos 50 anos. De modo geral, a estabilização na faixa desejada requer uma redução de mais de 80%

em relação aos níveis atuais nas emissões anuais. Tratase de uma descoberta importante, pois a meta desejada determina a gravidade dos controles considerados necessários para que cheguemos lá.

## Duas perguntas comuns – e por que são as perguntas erradas

São questões sérias, que levantam questões sérias para as empresas. No entanto, duas perguntas que são feitas com freqüência são colocadas de modo equivocado.

**Quanto isso vai custar?** Não se iluda; há muito em jogo. O relatório da McKinsey & Company mencionado anteriormente conclui que os custos mundiais anuais de redução das emissões dos gases de efeito estufa para 450 ppm poderiam ser entre 0,6% e 1,4% do Produto Interno Bruto (PIB) até 2030. Da mesma maneira, um relatório feito por Sir Nicholas Stern, ex-economista chefe do Banco Mundial (Stern Report), afirma, com mais veemência, que custará 1% anualmente do PIB para sair de 500 para 550 ppm (US$446 bilhões, com base nos números de 2005). No entanto, o relatório afirma também que, se não fizermos nada, "os custos e riscos gerais da mudança climática serão equivalentes a perder pelo menos

5% do PIB global por ano. Se uma faixa de riscos e impactos mais ampla for levada em consideração, as estimativas de danos poderiam subir para 20% do PIB ou mais".

Em suma, os benefícios econômicos (poluição econômica, variabilidade do clima, demanda de energia, erosão da costa, transmissão de doenças infecciosas, para citar apenas algumas) da ação inicial para reprimir os gases de efeito estufa são muito mais importantes do que os custos.

A Carbon Mitigation Initiative, da Princeton University, identificou 15 estratégias tecnológicas existentes para alcançar as reduções buscadas pelo IPCC. Elas vão do aumento da eficiência de combustíveis para todos os automóveis projetados para 2055, de 30 a 60 milhas por galão, à produção da atual eletricidade mundial baseada em carvão com eficiência dobrada e aplicação de captação e seqüestro de carvão e 800 grandes plantas de geração de energia a partir do carvão (1.000 megawatts), passando pelo corte de 25% das emissões de todas as construções novas e existentes. Qual será o custo disso? O relatório da McKinsey & Company identifica algumas iniciativas para abordar o problema as quais teriam benefícios econômicos líquidos positivos, inclusive o melhor isolamento dos edifícios; eficiência de combustível nos veículos; e melhora nos sistemas de energia elétrica, ar condicionado e de aquecimento de água. Os méritos financeiros de outras iniciativas para abordar o problema dependem de como os mercados reagem.

Um relatório do World Resources Institute (WRI) estudou uma enorme variedade de previsões econômicas sobre a mitigação da mudança climática e revelou que 80% da variância nos modelos econômicos são causados por sete pressupostos básicos. Alguns desses pressupostos dependem de ações corporativas, como o desenvolvimento de meios competitivos de energia alternativa ou a expansão do uso de combustíveis que emitam pouco carbono, como gás natural. Outros dependem dos formuladores das políticas e da forma definitiva das regulamentações finais, como o desenvolvimento de negociações internacionais dos créditos de carbono ou as reduções de impostos, por parte dos governos, a fim de estimular investimentos em tecnologias de baixa emissão. Por fim, alguns pressupostos dependem dos consumidores, como a resposta eficiente da economia aos preços de energia mais altos e o fato de as pessoas utilizarem mais, ou menos, o aquecimento ou o ar condicionado caso o custo da energia aumente. Portanto, em suma, as simplificações de mercado dos controles do clima continuam sendo muito incertas, mas essa incerteza cria oportunidades para aqueles que tiverem atitudes proativas.

Além disso, em muitos casos essa incerteza está

sendo substituída pela clareza do mercado. Por exemplo, um dos mercados de mais rápido crescimento é o de construções verdes. O público da maior conferência sobre construções verdes dos Estados Unidos, denominada Greenbuild, teve um aumento constante que reflete sua importância cada vez maior: de 4.189 (com 220 estandes de expositores) em 2002 para 21 mil (com 751 estandes para expositores) em 2007. O que antes era uma conferência de pequenas empresas hoje conta com corporações do porte da Siemens, GE, Turner, Trane e Skanska. E essas empresas são atraídas pelos retornos de mercado. Enquanto as construções de residências unifamiliares caíram 14,7% e as vendas de madeira e de material de construção caíram 12% em dezembro de 2006, em comparação com o mesmo mês de 2005, os fabricantes de produtos para construções verdes relataram aumento nas vendas. A construção verde é um dos exemplos mais vivos das mudanças no mercado geradas pela questão da energia e da mudança climática. Para alguns, exemplos desse tipo levam a uma segunda pergunta: Ser verde compensa?

**Ser verde compensa?** Embora a pergunta seja muito comum, na verdade não faz sentido algum. É como perguntar: "A inovação compensa?" A resposta a essa pergunta depende totalmente de quem adota a iniciativa, como e quando ela é levada a cabo.

A pergunta correta seria: "Sua empresa, em comparação com os concorrentes, teria oportunidades econômicas melhores se fosse verde?" Em seguida, pergunte-se qual a melhor maneira e o momento mais adequado de essa oportunidade se concretizar. Para algumas empresas, é prudente ser pioneira, buscar maneiras de inovar, encontrando e criando oportunidades na mudança climática. Para outras, pode fazer sentido ser um seguidor, buscando aproveitar as mudanças nos mercados depois de ter mais clareza de como elas vão se materializar. Para algumas, pode fazer mais sentido seguir a multidão e mover-se quando a maioria se mover. Por fim, há algumas empresas para as quais não existe uma estratégia viável em relação às mudanças climáticas.

As que optarem pelo pioneirismo enfrentarão os desafios da liderança. Assim como qualquer inovação, uma iniciativa em resposta às mudanças climáticas às vezes pode ser vista com ceticismo tanto nos círculos ambientais quanto nos círculos empresariais. Os círculos ambientais podem acusar essas empresas de estarem praticando o *greenwashing* – termo usado quando uma empresa propaga práticas ambientais positivas e, na verdade, tem atuação contrária aos interesses e bens ambientais –, enquanto os que chegarem por último podem ridicularizá-las com termos pejorativos, como "capitalistas de Kyoto", ou "cartel do carbono". Por exemplo, quando as empresas fundadoras da Parceria Americana pela Ação Climática (USCAP – United States Climate Action Partnership) anunciaram seu apelo à definição de padrões federais para emissões de GEE, no início de 2007, um editorial do *Wall Street Journal* acusou esses "dez animados gigantes verdes" de estarem atrás de um programa de regulamentação "criado para recompensar financeiramente empresas que reduzirem as emissões de $CO_2$ e punirem as que não o fizerem".[5] Que absurdo! Parem as máquinas! Diante da inevitabilidade da regulamentação, as empresas estão fazendo lobby *e*m Washington por regras que favoreçam seu posicionamento estratégico! As críticas a essa estratégia parecem bastante estranhas, particularmente quando vêm dos círculos de negócios. Explorar o horizonte em busca de oportunidades de proteger seus ativos e melhorar seus resultados financeiros é exatamente o que se espera que as empresas façam: afinal, seus acionistas não demandam menos do que isso. Como a regulamentação faz parte do ambiente de negócios, qualquer empresa capaz de prever oportunidades de negócios no Clean Air Act, no Clean Water Act, no Protocolo de Montreal ou na mudança climática está praticando o que se espera de seus gerentes – capitalismo.

E outros estão seguindo nessa mesma direção. Em 2007, outras 19 corporações se juntaram às nove empresas fundadoras da USCAP e ao apelo por uma legislação nacional obrigatória para reduzir as emissões dos gases de efeito estufa. Em fevereiro de 2007, a GROCC conclamou os governos a reduzir as emissões de gases de efeito estufa "estipulando um preço de mercado para as emissões de carbono que seja relativamente consistente ao redor do mundo".[6] Também em fevereiro de 2007, o Edison Electric Institute (EEI), grupo que representa 60% da produção de eletricidade nos Estados Unidos e há muito se opõe às ações relacionadas à mudança climática, mudou de posição e endossou a ação federal nos Estados Unidos. Em março de 2007, um grupo de investidores representando mais de US$4 trilhões em capital de investidores, inclusive fundos gerenciados pela Merrill Lynch, pelo California Public Employees Retirement System (CalPERS), pela Allianz e pela Calvert, conclamou Washington a colocar um ponto final na incerteza dos investidores estabelecendo "cortes razoáveis, sensatos e de longo prazo nas emissões de carbono norte-americanas".[7]

Acho que já deu para se ter uma noção geral. O *momentum* do engajamento do mundo corporativo na questão ambiental está tomando mais vulto à medida que a inevitabilidade dessa transição de mercado e as oportunidades por ela criadas se manifestam com mais clareza. À medida que maior número de empresas demanda mudanças, surgem três questões como temas comuns entre elas. Tais temas formam a linha de base para a lógica subjacente a essa transição de mercado. Em primeiro lugar, é necessário definir padrões obrigatórios com o objetivo de *retardar, deter e, em última análise, reverter o aumento das emissões de gases de efeito estufa de maneira séria e eficaz*. Em segundo lugar, os prazos para ação devem incluir metas de curto, médio e longo prazos. Terceiro, é preciso haver mecanismos de mercado para estimular o tipo de ação e inovação necessária para abordar a questão. Em suma, é preciso haver *um preço de mercado para o carbono*, a fim de enviar um sinal para que a economia estimule a inovação tecnológica e permita que o mercado escolha os vencedores.

Como vem ficando claro para muitos dentro dos círculos políticos e empresariais, esse preço de mercado está se delineando. O desafio que você enfrentará consiste em passar da teoria à prática. É preciso agir hoje para se preparar para essa mudança de mercado que o preço do carbono criará. No próximo capítulo, apresentaremos os passos que você pode dar para se preparar. A diferença entre eles representa a extensão na qual você deseja se preparar para essa transição de mercado e, se possível, liderá-la.

# 3

# Crie sua estratégia para as mudanças climáticas

Até mesmo as empresas que estão bem avançadas na questão das mudanças climáticas reconhecem que poderiam ter ido mais longe. Descobriram que medir as emissões de gases de efeito estufa, criar mecanismos internos para lidar com tais emissões, criar sinergia nas unidades de negócios, educar a força de trabalho e envolver-se com governos e outras entidades são processos demorados e trabalhosos. Identificar todos os projetos de GEE disponíveis, priorizar quais deles gerarão os maiores retornos econômicos e financiá-los até a conclusão, tudo isso leva tempo. Assim, na realidade, a pergunta estratégica é a seguinte: Qual deve ser seu grau de agressividade na definição de estratégias elaboradas para lidar com as mudanças climáticas? A resposta a essa pergunta deve refletir sua estratégia de negócios como um todo e o mercado no qual sua empresa atua. O desafio consiste em abordar a questão e, ao mesmo tempo, não se afastar demais do restante de sua comunidade de negócios. Em um relatório elaborado por Andrew Hoffman e publicado pelo Pew Center on Global Climate Change, David Bresch, chefe do Atmospheric Perils Group, da Resseguradora Swiss Re, afirmou: "É preciso estar sempre um passo à frente dos concorrentes. No entanto, se você estiver dois passos à frente, perderá a multidão de vista. O ideal é você ser o líder e guiar todos na mesma direção."[8]

Em suma, os impactos das políticas e do mercado ainda estão se manifestando. E, embora seja prudente responder a tais impactos, não seria inteligente uma empresa buscar, isoladamente, iniciativas que não gerem benefícios financeiros e estratégicos, agora ou no futuro. Dito isso, você também não vai querer ficar para trás em relação aos concorrentes e deixar para eles suas oportunidades de negócios. Pense na estratégia para enfrentar as mudanças climáticas como uma série de passos, sendo algumas ações necessárias agora e outras que refletem a extensão de seu compromisso estratégico para com essa questão. O *timing* de sua estratégia está diretamente relacionado à sua vontade de se envolver. Quanto mais você se adiantar nos passos, mais urgente será o *timing*.

- **Passo #1: Saiba qual é seu grau de exposição ao risco carbono**. No mínimo, *todas* as empresas devem estar cientes de sua exposição ao risco carbono. Avalie o rastro de carbono (a medição do impacto da quantidade de gases estufa produzidos) de sua empresa e o impacto da transição de mercado sobre seus produtos e serviços. Atualmente, essa é uma estratégia necessária para todas as empresas.

- **Passo #2: Tome uma atitude para reduzir o rastro de carbono e avalie as oportunidades de negócio**. Depois de ter avaliado com clareza seu rastro de carbono, decida se vai ou não tomar alguma atitude para reduzi-lo por meio de iniciativas estratégicas combinadas. Além disso, é preciso decidir se você vai ou não buscar oportunidades de crescimento em produtos e serviços que resultem em baixa emissão de carbono. Se quiser desenvolver uma estratégia eficaz, essa é a melhor hora.

- **Passo #3: Influencie o processo de desenvolvimento de políticas**. Agora que você já desenvolveu em sua empresa uma estratégia eficaz para lidar com as mudanças climáticas, está na hora de passar para um estágio mais avançado e tentar influenciar o debate sobre as regras do jogo. Isso significa conquistar um lugar à mesa do desenvolvimento de políticas e ajudar a definir as regras de modo a refletir seus interesses. No entanto, para engajar os responsáveis pela definição de políticas, sua empresa precisa tomar atitudes confiáveis desde já. Você não pode assumir um lugar à mesa simplesmente porque está interessado. Se quiser afetar o processo de desenvolvimento de políticas, aproveite, pois o melhor momento é agora, e passa rápido.

## Passo #1: Saiba qual é seu grau de exposição ao risco carbono

Toda empresa deveria analisar seu perfil de emissões de gases de efeito estufa ao longo de toda a cadeia de valor. Trata-se de uma análise fundamental para prever a vulnerabilidade de sua empresa às regulações geradas pelas mudanças climáticas e às mudanças de mercado resultantes. Algumas empresas detectarão impactos apenas modestos por conta da limitação às emissões de carbono; outras podem se ver em grande desvantagem; outras, ainda, enxergam oportunidades nos limites às emissões de carbono. Não parta de pressupostos infundados. Sua análise pode ter resultados surpreendentes. A Timberland, fabricante de calçados, ficou surpresa ao descobrir que o maior impacto de seus produtos vinha não do transporte de materiais e do produto final (como se esperava), mas sim da produção da matéria-prima utilizada na confecção dos calçados. Em outras palavras, o maior impacto de seus produtos sobre a emissão de carbono ocorria antes da fabricação dos calçados em si. Aqui, o que estamos querendo dizer é que você não saberá como seu modelo de negócios será impactado sem (a) identificar a origem, os tipos e a magnitude das emissões de gases de efeito estufa que sua empresa gera; (b) avaliar a vulnerabilidade de suas linhas de negócios aos limites de emissão; (c) saber se você seria comprador ou vendedor nos mercados de carbono; e (d) comparar sua vulnerabilidade à dos concorrentes.

## *Faça um levantamento das emissões geradas por sua empresa*

O levantamento das emissões geradas por sua empresa é o primeiro passo – e um passo essencial – para avaliar seu rastro de carbono. Envolve decidir o que medir, como medir, como armazenar e analisar os dados depois de coletados e onde registrá-los para verificação externa.

**O que é medido é gerenciado.** Para o primeiro desafio, decidir o que medir, o World Resources Institute (WRI) e o World Business Council on Sustainable Development (WBSCD) desenvolveram em conjunto um padrão, denominado Greenhouse Gas Protocol Corporate Accounting and Reporting Standard, que se tornou o protocolo mais utilizado para a avaliação das emissões. O protocolo classifica as emissões em três categorias:

- **Escopo 1:** Emissões diretas
- **Escopo 2:** Emissões indiretas, geradas pelo uso de aquecimento, vapor ou eletricidade comprada
- **Escopo 3:** Outras emissões indiretas de fontes a montante e a jusante.

As emissões diretas provêm de fontes de propriedade da empresa e, de um modo geral, incluem emissões geradas pelos processos de produção na empresa, a combustão direta de combustíveis fósseis em caldeiras e depósitos de água quente e a geração de energia nas instalações da empresa. As emissões indiretas vêm de energia comprada, emissões geradas pelo uso dos produtos da empresa, pelo transporte de material, viagens a negócios e deslocamento de pessoal.

Outra área em que é possível medir o rastro de carbono de sua empresa é o seqüestro de carbono biológico e terrestre. O primeiro envolve o plantio de árvores para armazenar carbono; o segundo, o bombeamento do $CO_2$ para o subsolo, uma prática comum em muitas indústrias petrolíferas para aumentar o rendimento dos poços de petróleo.

A fim de entender sua exposição total às regulações referentes às mudanças climáticas, é preciso conduzir uma auditoria das emissões totais, incluindo todas as emissões diretas e indiretas. Porém, à medida que os regimes de negociação de emissões vão se estabelecendo ao redor do mundo, podemos ver que eles diferem quanto aos tipos de emissão que serão contabilizados. A Fase I do Esquema de Comércio Europeu de Emissões (EU ETS), por exemplo, abrange 11.500 instalações nos setores mais importantes (aproximadamente 46% das emissões de $CO_2$ na União Européia) e mede apenas as emissões da combustão direta. Por outro lado, as empresas que integram a CCX (Chicago Climate Exchange – a Bolsa de Carbono de Chicago) medem seu rastro de carbono como toda a combustão direta de suas operações, além das emissões indiretas geradas por eletricidade, aquecimento e vapor que adquirem. Outras fontes, como viagens a negócios, não são contabilizadas para efeitos do cálculo do rastro de carbono.

**Ferramentas e técnicas para medição das emissões.** Embora determinar quais emissões medir possa parecer uma tarefa desanimadora, o processo de medi-las, em si, pode ser ainda mais assustador. Algumas empresas medem as emissões reais, enquanto outras estimam as emissões usando cálculos baseados em combustíveis (com base em metodologias como as criadas pelo WRI/WBCSD, pelo EU ETS, pelo Departamento de Energia dos Estados Unidos, pela CCX e por outras entidades). Essas metodologias utilizam a energia (em BTUs – British Thermal Unit – unidade de medida de energia) do combustível multiplicada por sua intensidade de carbono (libras de $CO_2$ emitido por milhão de BTUs). A decisão de medir as emissões reais ou calculadas depende, em parte, da complexidade da tarefa. As empresas com muitas fontes de emissão ou em ambientes extremamente hostis (que degradam os equipamentos neles utilizados) preferem evitar a medição em suas instalações, devido ao custo da aquisição, instalação, manutenção e reposição de sistemas CEM (Continuous Emissions Monitor – Monitoramento Contínuo das Emissões). Por outro lado, algumas empresas levam em conta os obstáculos envolvidos na papelada necessária para reunir e conciliar as faturas de combustíveis, a fim de obter uma estimativa das emissões de $CO_2$ do combustível utilizado em seus processos, praticamente intransponíveis. Não existem respostas simples.

**Sistemas de gerenciamento de dados.** Depois de coletar as informações, o próximo desafio consiste em armazená-las e analisá-las. Muitas empresas desenvolveram novos sistemas de informação para monitorar continuamente as emissões de gases de efeito estufa. Tais sistemas podem ser bastante complexos, mas tornam factível uma tarefa difícil. A Alcoa, por exemplo, desenvolveu um eficaz sistema centralizado que inclui informações detalhadas sobre o consumo de energia em 41 instalações ao redor do mundo, inclusive em quatro usinas de geração de energia, cinco refinarias de alumina e 26 fundições. O sistema utiliza a metodologia EU ETS para calcular as emissões e realiza uma varredura diária nos bancos de dados para efetuar o download dos dados sobre processos e produção. Determinados indivíduos em cada fábrica ficam responsáveis por inserir manualmente os dados referentes ao consumo de energia a cada mês, e o sistema emite lembretes automaticamente para garantir a disponibilidade dos dados assim que possível, ao fim de cada mês. Tais informações são agregadas para análise pela sede e pelas filiais da empresa.

Mas o sistema da Alcoa não é a norma. Muitas empresas continuam buscando ferramentas de gerenciamento de dados capazes de coletar de forma eficiente e eficaz dados de instalações ao redor do mundo e associá-los a sistemas integrados de medição de desempenho, como SAP, permitindo, assim, que associem as reduções de emissões às medidas financeiras. Até mesmo empresas com longa experiência no monitoramento de emissões vêem espaço para melhorias.

**Registre as emissões.** Por fim, para se posicionar de modo a ganhar crédito para iniciativas que levem à redução das emissões, é preciso definir um benchmark verificável, registrando suas reduções por meio de diversos mecanismos, como o programa 1605(b) da Energy Information Administration, o programa Climate Leaders, da Agência de Proteção Ambiental dos Estados Unidos (EPA), o registro de gases de efeito estufa do Fórum Econômico Mundial, o Climate Registry, o California Climate Action Registry (CCAR) e a CCX. Pode ser confuso decidir qual é o melhor sistema, pois há pouca padronização entre esses programas. (O Climate Registry iniciou um esforço abrangendo vários estados norte-americanos para padronizar os procedimentos utilizados na medição, monitoramento, verificação e divulgação das emissões.) No entanto, o importante é que suas emissões sejam verificadas *de alguma forma*. Embora existam várias opções para se registrarem as emissões, muitas podem ter características semelhantes, inclusive a verificação por terceiros. Faz sentido envolver-se em um registro geograficamente próximo às operações primárias de sua empresa, porém o mais importante é começar a aprender como funciona o processo de monitoramento e verificação das emissões. Qualquer que seja o mecanismo escolhido, registrar as emissões de sua empresa é um passo crucial para os pioneiros.

### *Avalie os riscos e as oportunidades para operações, linhas de produtos e serviços*

As emissões, em si, não revelam a exposição da empresa aos limites de carbono. É preciso considerar também os possíveis impactos sobre linhas de produto e serviço. Como suas operações e vendas serão afetadas – tanto positiva quanto negativamente – pelos fatores relacionados à mudança climática que atribuem um valor às emissões de carbono de sua empresa? E, conseqüentemente, de que maneira esses fatores alteram seu posicionamento competitivo? Em geral, as empresas começam essa avaliação com um foco no gerenciamento de riscos e na proteção dos resultados financeiros. Será que as economias de determinadas operações que estão no limite ficarão no vermelho? Será que os preços de certos produtos aumentarão a ponto de não mais permitir que se ganhem margens razoáveis? Será que esses efeitos podem ser mitigados pela busca de eficiência nos processos ou alterações no produto?

Mas, embora o gerenciamento de riscos possa ser um ponto de partida para as vulnerabilidades relacionadas ao clima, com tempo e experiência as empresas devem modificar suas estratégias relacionadas ao clima, a fim de enfatizar oportunidades de negócios e aperfeiçoamentos de primeira linha. Na verdade, a mera presença de riscos nas operações, produtos e serviços que geram grandes emissões de GEE sinaliza o potencial de oportunidades de negócios com base em sua eficiência. A Goldman Sachs desenvolveu um modelo que inclui três formas de se agregar valor à estratégia corporativa por meio de iniciativas associadas às mudanças climáticas: proteger a reputação, melhorar a posição competitiva e desenvolver novos produtos. É preciso avaliar se e como a demanda das linhas de produtos e de serviços atuais e futuras pode ser ampliada com os avanços relacionados ao clima. As estratégias mais eficazes relacionadas ao clima associam as reduções de GEE à estratégia de negócios básica de sua empresa. No final, toda a questão da vulnerabilidade ao carbono é uma avaliação de como a precificação do carbono altera a economia de seus modelos de negócios, e de como afeta os modelos de seus concorrentes.

### *Saiba qual é seu preço do carbono*

Um elemento essencial para entender sua exposição às regulações climáticas é avaliar a forma que essas regulações assumirão. Há inúmeras questões a serem trabalhadas antes da definição das regras finais do jogo. Ainda que muitos economistas sejam a favor do imposto do carbono, a realidade política é que a comunidade empresarial vê o sistema *cap-and-trade* como a maneira mais realista, eficaz e eficiente de viabilizar ações que abordem as mudanças climáticas. Isso permite que as políticas climáticas sejam instituídas de uma maneira que reduza os custos gerais para a economia, estabelecendo um preço para o $CO_2$ que, por sua vez, gere inovação em novas tecnologias. E, em face desse provável resultado, você precisará saber se sua empresa será compradora ou vendedora de carbono. Para tanto, você deverá ter a noção de quanto lhe custará reduzir uma tonelada de carbono em seus processos.

A Cinergy (que atualmente se fundiu à empresa Duke Energy), por exemplo, estimou que o custo médio por tonelada de reduções de $CO_2$ foi de US$8,28 em 2004 e de US$12,49 em 2005.[9] Tais números são menores do que a faixa de US$15 a US$40 de permissões vistas nas EU ETS entre 2005 e 2006, bem acima do preço de US$0,39 no início de 2007, e acima da média de US$2 a US$4 por tonelada encontrada na CCX. Estão mais próximos da válvula de segurança de US$7 por tonelada (valor proposto em um dos projetos de lei no sistema *cap-and-trade* no Congresso norte-americano). De posse dessa informação, sua empresa estará em melhores condições de avaliar sua posição nos mercados de carbono, dependendo de como o mercado se desenvolve.

### *Conheça seu grau de exposição em relação aos concorrentes*

A questão da exposição a uma mudança no mercado se resume a como essa mudança afeta seu posicionamento competitivo no mercado. Os aumentos de custo com os quais você mais deve se preocupar relacionam-se aos custos com os quais você terá de arcar, mas seus concorrentes não. O ideal seria obter uma redução de custo enquanto seus concorrentes enfrentam um aumento de custo. Assim, é preciso estabelecer um benchmark em relação a seus concorrentes no desempenho relacionado ao clima. Em geral, as empresas estabelecem um padrão de comparação com outras empresas do setor, mas muitas identificam empresas singularmente visíveis que conquistaram prêmios por suas atividades ambientais. Os objetivos das atividades de benchmarking consistem em identificar as melhores práticas para abordar a questão da mudança climática, bem como gerenciar a reputação e o status do setor quanto a essa questão. O benchmarking pode ajudar a proteger sua empresa, impedindo-a de ser identificada como retardatária; uma empresa cujo desempenho seja negativamente rotulado pode tornar-se suscetível a críticas na imprensa ou de organizações não-governamentais (ONGs). Mais importante, porém, é que o benchmarking pode ajudá-lo a obter os benefícios de se destacar como líder – assegurar a vantagem do pioneirismo ao abordar a mudança climática pode criar oportunidades e acumular reconhecimento (por exemplo, por meio de rankings preparados por publicações de peso, como *Business Week*, *Financial Times*, Ceres e outras) que podem gerar mais benefícios e influência nos debates sobre políticas ambientais.

Às vezes essas tentativas de pioneirismo podem se assemelhar a uma corrida armamentista. Por exemplo, parece haver uma competição entre as instituições financeiras para ver quem se torna a instituição mais verde de um dado setor. Em 2005, o Goldman Sachs foi um dos primeiros bancos de investimentos a divulgar uma estrutura de política ambiental que mencionava especificamente suas diretrizes para a concessão de empréstimos. A política abordava investimentos em energia alternativa e energias renováveis, bem como a criação de mercados mais eficientes para produtos e serviços ambientais, dispondo-se a examinar os riscos ambientais e as oportunidades de negócios associadas.[10] Para não ficar para trás, o Bank of America anunciou, em março de 2007, um novo programa envolvendo US$20 bilhões em recursos ao longo de dez anos para o financiamento de construções verdes e tecnologias para o desenvolvimento de eficiência energética, auxiliando empresas na negociação de créditos de carbono e oferecendo serviços financeiros e de consultoria a empresas que desenvolvessem produtos que não agredissem o meio ambiente.[11] Logo depois, o Citigroup anunciou que destinaria US$50 bilhões, ao longo de dez anos, a questões ambientais por meio de investimentos, financiamento e atividades relacionadas que apóiem a comercialização de energia alternativa e tecnologia limpa entre seus clientes e mercados, bem como em negócios e operações próprias.[12] Finalmente, em agosto de 2007, a Morgan Stanley anunciou um plano de destinar US$3 bilhões a iniciativas relacionadas às reduções das emissões de gases de efeito estufa durante os próximos cinco anos. Comprometeu-se a reduzir, até 2012, de 7% a 10% as emissões de gases de efeito estufa em relação aos níveis vigentes em 2006, por meio de medidas de eficiência energética e novas construções verdes; além disso, até o fim de 2008, a empresa pretende se tornar neutra em carbono.[13]

## Passo #2: Tome uma atitude para reduzir o rastro de carbono e avalie as oportunidades de negócio

Depois de desenvolver um perfil de emissões, é preciso decidir se está de fato na hora de tomar alguma atitude para reduzir suas emissões. Se sua empresa tiver divisões em uma parte do mundo onde já exista controle das emissões de carbono, a decisão já foi tomada. Se suas operações estiverem em regiões nas quais não existem controles, talvez você deseje aproveitar esse breve vácuo para tomar uma atitude agora, em seu próprio ritmo, em vez de esperar algum tipo de norma que o force a tomar uma atitude em um prazo imposto por terceiros. Ao tomar uma atitude para reduzir seu rastro de carbono e determinar que linhas de negócios podem ser criadas ou reconfiguradas a fim de aproveitar novas oportunidades de negócio, você terá de envolver sua organização. Tal mudança exige uma nova liderança, bem como a criação de novas funções nos departamentos, novas metas e estratégias; é preciso também obter a adesão dos empregados, usar estrategicamente o comércio de carbono e formar parcerias com ONGs, além de outras medidas.

### *Envolva a liderança*

O apoio e o envolvimento dos líderes da empresa são os componentes mais importantes para o sucesso de qualquer estratégia climática. Entre esses líderes estão o CEO, os gerentes de nível sênior e o conselho de administração de sua empresa. Sem esse nível de apoio, nenhuma iniciativa terá sucesso. Nas empresas que tiveram mais sucesso em medidas relacionadas à mudança climática, os gerentes citam o papel interno do CEO como essencial a esse sucesso. Esse apoio começa, obviamente, com a definição de uma visão para a empresa. Mas pode ir além. Alguns CEOs têm porta-vozes visíveis junto ao governo ou na mídia. Outros se envolveram pessoalmente nos aspectos organizacionais e operacionais da concretização de objetivos e metas. Paul O'Neill, ex-CEO da Alcoa, desafiou os engenheiros da empresa a encontrarem uma solução técnica para reduzir o número de efeitos do anódio nas operações, reduzindo, assim, o uso de energia. Quando as unidades de negócio da DuPont relutaram em se esforçar ao máximo para atingir a primeira rodada de metas de redução de GEE da empresa, o CEO Chad Holliday entrou em cena pessoalmente para enfatizar que o fracasso era inaceitável. Seu grau de envolvimento e o da gerência sênior da empresa dependerão do estilo corporativo, mas certamente a iniciativa inclui o envolvimento pessoal.

**Defenda seu argumento.** A tarefa mais importante da liderança sênior consiste em criar o senso de urgência ao abordar a questão, defendendo sua enorme importância para o futuro da empresa. A abordagem pode até girar em torno de "fazer a coisa certa", mas é preciso haver também um argumento empresarial racional por trás. Na verdade, as estratégias sustentáveis relacionadas ao clima não podem ser um acréscimo aos modelos de negócio existentes, independentemente da estratégia competitiva geral da empresa. Elas precisam ser integradas aos objetivos principais da empresa, e usar os termos de negócios e as métricas de negócios existentes (como valor presente líquido, retorno sobre o investimento, retorno sobre o patrimônio líquido) por meio de metas como melhorar a eficiência dos processos, o retorno operacional, o gerenciamento da cadeia de suprimento, o gerenciamento de ativos, a participação de mercado, a cultura e o moral interno ou a reputação externa e o marketing da empresa.

Em geral, as empresas citam as economias de custos geradas por programas de eficiência energética como prova dos benefícios financeiros no curto prazo. Por exemplo, a Calpine calcula ter economizado US$25,8 milhões ao longo de um período de 10 meses em 2005 com a implementação de um programa denominado Plant Optimization Program. A Alcoa identificou quase US$80 milhões em potencial de economia anual decorrentes do aumento da eficiência energética e assim, até o momento, conseguiu economias anuais de mais de US$20 milhões. A DuPont afirma ter obtido uma economia de US$2 bilhões desde o início de seu programa de eficiência energética, em 1990.[14] Em face dos recentes aumentos dos preços de energia, exemplos semelhantes serão cada vez mais comuns. A Ontario Power Generation, uma das maiores geradoras de eletricidade da América do Norte, conseguiu ultrapassar sua meta de corte de emissões aos níveis de 1990 até 2000 ao reduzir o uso interno de energia em mais de 2.000 gigawatts/hora; reduziu as emissões de gases de efeito estufa em 2,5 milhões de toneladas por ano – e, com isso, economizou US$90 milhões em custo de energia.

As empresas também utilizam métodos menos quantificáveis para justificar as estratégias relacionadas ao clima. Um deles é uma crença geral, entre a liderança sênior, de que essas estratégias agregarão valor no futuro. Algumas empresas acreditam que sair na frente nessa questão proporcionará benefícios estratégicos, como posicionamento competitivo superior e a capacidade de identificar novas oportunidades de mercado. Para outras, sair na liderança da curva de aprendizado lhes permite fazer os investimentos mais apropriados e preparar-se para se adaptar a futuras regulações.

Finalmente, o planejamento de cenário ajudou algumas empresas a defenderem a necessidade de agir diante das mudanças climáticas. A Shell, que tem mais experiência nessa área, usa o planejamento de cenário como estrutura conceitual estratégica para refletir sobre desafios, identificar riscos e oportunidades, tomar decisões de investimento, desenvolver uma linguagem estratégica comum para as equipes de liderança e envolver-se na definição de políticas públicas. No relatório "Global Scenarios to 2025", a empresa articula uma visão de como as forças mundiais poderiam moldar os mercados ao longo das duas próximas décadas e chega à conclusão de que as empresas acabarão enfrentando a questão do preço do carbono.[15] Para a Shell, essa conclusão justifica os esforços para aumentar a produção de gás natural (em especial GNL – Gás Natural Liquefeito) e investimentos em energia eólica, solar, biocombustíveis, gaseificação do carvão e sistemas experimentais de oferta de hidrogênio, sem deixar de lado os esforços para tornar seu negócio essencial – os combustíveis fósseis – bem-sucedido em um mundo que vem impondo limites às emissões de carbono. Algumas empresas desenvolverão tais cenários em ferramentas de tomada de decisão que ajudam a inserir informações incertas e qualitativas em modelos quantitativos.

### *Destine pessoal de alto nível à questão ambiental*

A experiência mostra que, depois que as questões relacionadas ao clima estiverem na agenda da empresa, é melhor criar novos cargos que permitam concentração total nas estratégias climáticas.

**Novos cargos.** Pesquisas realizadas pela Hill & Knowlton revelaram que 82% dos líderes de tecnologia de nível sênior ao redor do mundo "monitoram de perto" as notícias sobre aquecimento global, enquanto apenas 35% contam com uma estratégia energética concreta para lidar com a questão. O estudo revelou que mais de três quartos dos responsáveis pelas decisões de negócios entrevistados (77%) acreditavam na necessidade de se criar o cargo de CNO (Chief Energy Officer), que seria responsável por gerenciar, implementar e medir o retorno sobre o investimento em tecnologia ambiental, o denominado "retorno sobre o meio ambiente".[16] Em 2007, novos cargos, como CSO (Chief Sustainability Officer), começaram a ganhar popularidade nos organogramas das empresas. Algumas chegaram a dar a esses novos cargos o título de "czar do carbono". Isso mostra a importância da mudança climática e da energia para o sucesso financeiro futuro da empresa. A questão merece, de fato, toda atenção.

**Equipes interfuncionais.** Indo além da criação de novos cargos, muitas empresas criaram equipes destinadas exclusivamente à questão da mudança climática. Algumas criaram comitês no nível do Conselho Administrativo cuja responsabilidade explícita é supervisionar as iniciativas relacionadas ao meio ambiente e monitorar o andamento da implementação das estratégias. Outras se concentram mais no nível operacional. Dado o escopo das mudanças climáticas, essas equipes são mais eficazes quando formadas por profissionais diversificados em termos de função e representação geográfica. Algumas empresas optam por oferecer a essas equipes um fundo especial de capital para identificar e financiar projetos relacionados ao clima. E algumas empresas ainda contam com ajuda externa, normalmente de ONGs renomadas na área.

**Equipes de eficiência energética.** Muitas empresas desenvolveram grupos que buscam explicitamente oportunidades de eficiência energética ao redor do globo. Compostos por especialistas técnicos de dentro e de fora da empresa, esses grupos empregam equipes mediante solicitação dos gerentes das unidades e realizam auditorias a fim de recomendar mudanças operacionais, de equipamentos e comportamentais (a decisão da implementação normalmente fica a cargo dos gerentes locais). Além disso, identificam, documentam e disseminam informações sobre práticas energéticas bem-sucedidas observadas em outras partes da empresa.

### *Defina objetivos e metas*

Algumas empresas definem metas e, em seguida, buscam alternativas de concretizá-las. Outras consideram as opções para reduzir as emissões e, só então, definem suas metas. A ordem específica depende do estilo gerencial da empresa. Mas, dentro dessa meta, é preciso levar em conta duas considerações: O quão agressiva sua empresa pretende ser na concretização dos objetivos relacionados à mudança climática e que tipos de metas gerarão as respostas mais eficazes e eficientes para que sua empresa concretize seus objetivos, reduza os custos e corte as emissões?

As empresas assumiram compromissos variados com a redução das emissões de gases de efeito estufa; os detalhes específicos variam muito em função de cronograma, objetivos, ano-base, metas absolutas *versus* indexadas e tipos de emissão. Por exemplo, a Catalyst Paper definiu uma meta extremamente agressiva de reduzir, até o ano de 2010, as emissões de GEE a 70% abaixo dos níveis vigentes em 1990. O objetivo da DuPont, de reduzir até 2000 as emissões de GEE a 40% dos níveis vigentes em 1990, foi estabelecido em 1994, cumprido em 1999 e revisado para um novo objetivo: 65% abaixo dos níveis vigentes em 1990 até 2010. A meta da Whirlpool, definida em 2003, conclama a redução, até o fim de 2008, das emissões totais de GEE geradas pelos processos de fabricação globais, utilização de produtos e descarte em 3%, considerando 1998 como ano-base, e, ao mesmo tempo, o aumento das vendas em 40% ao longo desse mesmo período. A Weyerhaeuser comprometeu-se a reduzir, até 2020, suas emissões em 40% em relação aos níveis vigentes em 2000, por meio da maior utilização de combustíveis renováveis nos processos de manufatura.

Como você pode ver, não há uma "receita de bolo" para a definição de uma meta relacionada ao clima. O segredo para o sucesso nas reduções dos gases de efeito estufa que promovam a inovação está em ampliar seu conceito de possível, a fim de estimular a inovação interna. Craig Heinrich, líder da equipe de energia global da Divisão de Tecnologias de Titânio da DuPont, observou: "Precisamos da tensão gerada por uma meta altamente desafiadora. Objetivos que inspiram exigem uma organização que atue além das fronteiras organizacionais... Um objetivo fácil de se concretizar não desafia o potencial criativo da organização."[17]

**Desenvolva uma meta adequada à empresa.** Porém, nem todos os objetivos precisam se basear apenas na redução das emissões de GEE. O importante é desenvolver metas capazes de mobilizar a força de trabalho para sua concretização. Muitas empresas definem objetivos de eficiência energética, em vez de metas relacionadas às mudanças climáticas, pois acreditam que tais objetivos podem ser monitorados, medidos e avaliados sob o aspecto financeiro com mais facilidade. Outras se comprometem a aumentar a proporção de fontes de energia renovável, como se fosse um padrão obrigatório de utilização de energia renovável estipulado pelo governo. Por exemplo, a Swiss Re propôs-se a aumentar a proporção de fontes de energia renovável de 14%, em 2005, para 50%, em 2007. Outras empresas recorrem a um conjunto de metas. A Wal-Mart planeja investir aproximadamente US$500 milhões anuais em tecnologias e inovações que incluem: redução de 20% dos gases de efeito estufa nas lojas existentes até 2012; criação e abertura de um protótipo de loja viável que seja de 25% a 30% mais eficiente e gere até 30% menos emissões de GEE até 2009; em última análise, utilização de 100% de energias renováveis; aumento de 25% da eficiência da frota até 2008 e 100% até 2015; e divulgação de todo o conhecimento adquirido em tecnologia com o resto do mundo, inclusive com seus concorrentes.

A DuPont definiu quatro metas, todas a serem atingidas até 2015: (1) dobrar os investimentos em programas de P&D que proporcionem benefícios ambientais diretos e quantificáveis para seus clientes e consumidores ao longo da cadeia de valor; (2) aumentar as receitas anuais em pelo menos US$2 bilhões, com produtos que criem eficiência energética e/ou reduzam significativamente as emissões de GEE para seus clientes; (3) dobrar o faturamento anual para US$8 bilhões, a partir de recursos que não sofram depleção; e (4) lançar pelo menos mil novos produtos ou serviços seguros para o meio ambiente. O segredo consiste em tornar o objetivo adequado ao contexto. Que objetivos mobilizarão a força de trabalho de sua empresa a alcançá-los ou até mesmo a superá-los? No final, talvez uma meta simples de redução dos gases de efeito estufa motive mais sua força de trabalho. A Office Depot descobriu que a instalação de equipamentos com maior eficiência energética – mesmo que, ao mesmo tempo, aumentasse absurdamente o tamanho e a quantidade de lojas existentes – a ajudou a obter uma redução de 10% nas emissões de gases de efeito estufa no período de um ano.

**Meça as emissões absolutas e indexadas internamente, *mas* anuncie as reduções de emissões absolutas externamente.** As emissões de GEE podem ser divulgadas de diversas maneiras. Para ter uma noção mais clara da exposição de sua empresa a possíveis políticas relacionadas às mudanças climáticas, é preciso ter medidas absolutas. No entanto, com o objetivo de monitorar o desempenho com relação a outros objetivos econômicos ou de produção, as emissões podem ser normalizadas com outra medida, como o volume de receita ou de produção.

O importante é lembrar que a validade externa das iniciativas relacionadas à mudança climática exige a divulgação de uma medida absoluta da redução das emissões. Ainda que empresas em mercados em crescimento prefiram medidas indexadas (e as empresas com declínio nas vendas prefiram as médias absolutas), as medidas indexadas carecem de credibilidade junto à comunidade científica, às ONGs e ao governo, pois não informam se sua empresa está reduzindo as emissões no agregado, o objetivo final da ação climática. Na verdade, com crescimento econômico razoável e uma meta indexada modesta, suas emissões indexadas provavelmente cairão, enquanto as emissões gerais poderiam aumentar. Em uma proposta de 2007, a NCEP (National Commission on Energy Policy – Comissão Nacional de Políticas Energéticas) – recomendou uma meta nacional baseada em reduções absolutas de emissões, derrubando a recomendação anterior, feita pela própria NCEP, de uma meta indexada. Portanto, seria sábio posicionar-se com medições de emissões absolutas como padrão de divulgação externa de sua empresa.

Dito isso, as empresas mais experientes também advertem para o fato de que se deve criar uma meta de redução interna universal para a empresa inteira. Sugerem que é melhor desenvolver um conjunto de metas diferentes para unidades de negócios diferentes que contribuam para o objetivo geral da empresa. Muitas empresas utilizam uma combinação de métricas indexadas e absolutas, divulgando uma meta absoluta externamente, mas ajustando as medidas de emissões internas conforme seja apropriado a unidades e regiões específicas. Outras empresas preferem dar a cada unidade de negócios a flexibilidade de usar medidas indexadas para divulgação interna. Essa abordagem é particularmente popular em unidades que têm boas oportunidades de crescimento. A DuPont, por exemplo, espera que a geração de produtos da Divisão de Tecnologias de Titânio dobre até 2010, em relação aos níveis vigentes em 1990. Como a energia é responsável por um percentual significativo do preço de venda do dióxido de titânio ($TiO_2$), esse crescimento impõe um desafio e tanto ao cumprimento dos objetivos da empresa no que diz respeito à eficiência energética e à mudança climática. A divisão tem como objetivo aumentar o uso de energia em apenas 40%. Resultado: outras divisões terão de fazer cortes ainda drásticos.

Em última análise, embora existam tendências gerais que surgem da análise das metas de outras empresas, é essencial que a meta definida para a sua empresa seja adequada a ela. As empresas têm perfis de crescimento diferentes e as áreas às quais as metas de redução das emissões devem ser alocadas também são diferentes. Os objetivos definidos devem desafiar a empresa e estimular a inovação, além de aumentar a produtividade e as economias de custo.

### *Escolha estratégias para concretizar essas metas*

Depois de definidas as metas, como concretizá-las? A resposta a essa pergunta pode ser encontrada em diversas áreas, das mais simples às mais complexas. Todas elas devem ser levadas em conta.

**Respostas fáceis.** Muitas empresas encontraram diversas soluções facilmente identificáveis de baixo custo e baixo risco para reduzir o perfil de emissões. Isso é particularmente verdadeiro em empresas que não buscaram ativamente reduções no passado. Entre essas respostas fáceis, incluem-se iniciativas de eficiência energética, mudanças comportamentais ou aperfeiçoamento de processos.

Andreas Schlaepfer, chefe de Gerenciamento Ambiental Interno da Swiss Re, acredita que para as empresas não-manufatureiras é bastante fácil obter reduções iniciais substanciais com esforços de conservação relacionados às instalações físicas: "Se você nunca se concentrou em eficiência energética antes, é simples obter uma redução de 30%."[18] A Swiss Re utiliza uma abordagem de três níveis à redução das emissões de GEE. O primeiro passo envolve diminuir a calefação e o ar condicionado nos escritórios da empresa e desligar o sistema de iluminação depois do expediente. Como segundo passo, a empresa concentrou-se em pequenos investimentos, como sensores de movimentos e lâmpadas fluorescentes compactas, e na redução de viagens a negócios, restringindo as viagens curtas para reuniões internas e oferecendo aos empregados a mais recente tecnologia de teleconferência via telefone e vídeo. O último passo da abordagem da Swiss Re envolve reformar os prédios e escritórios de propriedade da empresa e substituir os geradores, o sistema de isolamento térmico e as janelas. O segredo reside em expor todas as opções e avaliar a viabilidade de cada uma delas, considerando-se os custos e benefícios ao longo do tempo.

Em uma solução simples e elegante, a The Beer Store (de propriedade da Labatt, Molson e Sleeman) descobriu que poderia reduzir US$17 mil por ano em custos de combustíveis e 114 toneladas de emissões de $CO_2$ ao mudar o comportamento dos motoristas dos caminhões de entrega. Em um projeto-piloto em London, Ontario, a empresa reduziu à metade o tempo ocioso dos motoristas, ou aproximadamente 3 mil horas por ano, e aumentou em 14% a eficiência de combustível. Um passo simples nessa direção foi derrubar o mito de que os motoristas tinham de deixar o motor dos caminhões ligados e ociosos por cinco minutos ao final de cada dia para não danificar o motor a diesel.

**Balas de prata.** Algumas empresas obtiveram grande redução nas emissões de GEE ao implementar uma iniciativa simples que alterou significativamente seu perfil de emissões. Em muitos casos, essas "balas de prata" exigem inovação e investimento em processos aperfeiçoados. Grande parte dos esforços pela redução das emissões de GEE da Alcoa envolveu cortar as emissões de PFC, reduzindo o número de efeitos do anódio no processo de fundição do alumínio. A bala de prata da Du-Pont envolveu reduzir as emissões de dois potentes gases de efeito estufa – $N_2O$ e HFC-23 (e um subproduto acidental da produção do HCFC-22, muito usado em refrigeração) – por meio de dois processos discretos de tecnologia. A Shell conseguiu diminuir uma porção razoável das emissões vigentes antes de 2002 ao reduzir a saída do gás metano associado nas instalações de exploração e produção. De maneira análoga, a British Petroleum economizou US$1 milhão reduzindo a queima de gases em suas refinarias e conseguiu reduzir mais 500 mil toneladas de $CO_2$e no metano ao substituir válvulas pneumáticas nos oleodutos por válvulas eletrônicas. E, ao vender o metano economizado, em vez de deixá-lo sair, o projeto obteve um retorno de 67%.

**Chumbo grosso.** *Chumbo grosso* é um termo cunhado por Jim Rogers, CEO da Duke Energy, no depoimento de março de 2007, diante do House Subcommittee on Energy and Air Quality. Seu objetivo foi observar que as grandes oportunidades de reduzir as emissões dos GEE nem sempre são singulares e sua detecção requer esforço concentrado e abrangente. Uma avaliação das emissões de GEE e das oportunidades de reduzi-los não raro oferece novos insights sobre parâmetros operacionais pouco estudados ou mesmo tomados como certos. Por exemplo, segundo a Associação Internacional de Transportes Aéreos (IATA – International Air Transport Association), as companhias aéreas poderiam reduzir as emissões de GEE e economizar até US$1 bilhão ao ano em custos operacionais e de combustíveis se todos os vôos tivessem um minuto a menos. Com base nessa lógica, a Lufthansa espaçou seus vôos em Frankfurt, de modo a reduzir o congestionamento e o tempo de manobra, diminuindo, assim, as emissões dos motores a jato e economizando US$60 milhões por ano. E o controle de tráfego aéreo europeu reduziu as emissões e economizou 300 mil toneladas de combustível por ano (equivalentes a US$154 milhões, a preços de 2004) levando os aviões a voar em maiores altitudes, onde podem viajar com maior eficiência.

De maneira análoga, a IBM anunciou um plano, em 2007, de destinar USS$1 bilhão ao ano em todos os seus negócios para aumentar significativamente o nível de eficiência energética em tecnologia da informação. O plano inclui novos produtos e serviços para a IBM e seus clientes que reduzirão drasticamente o consumo de energia no centro de processamento de dados, transformando as infra-estruturas de tecnologia pública e de negócios ao redor do mundo em centros de processamento de dados "verdes". Para um centro de processamento de dados de tamanho médio (cerca de 2.400m$^2$), a empresa espera que os clientes consigam obter economias de energia da ordem de 42%. Chamada de "Project Big Green", a iniciativa da IBM é voltada para centros de processamento de dados corporativos nos quais os limites de energia e custos podem reduzir a possibilidade de crescimento. A iniciativa inclui uma nova "equipe verde" global de mais de 850 arquitetos especializados em eficiência energética em toda a IBM.

**De olho no futuro.** Ainda que não existam oportunidades de grande impacto no presente, as empresas estão se esforçando para torná-las realidade no futuro. Por exemplo, as empresas de serviços públicos estão em busca de novas tecnologias de "carvão limpo" que possam ser levadas ao mercado, como sistemas *oxy-fuel*, que utilizam o oxigênio como combustível, e policombustão. A tecnologia que vem recebendo mais atenção é a do sistema integrado de gaseificação e ciclo combinado (IGCC – Integrated Gasification Combined Cycle), associada à tecnologia para captação e armazenamento de carbono, a fim de reduzir as emissões geradas pelas fábricas, com preponderância do carvão em suas matrizes energéticas. As fábricas que utilizam a tecnologia IGCC gaseificam carvão, biomassa e resíduos de petróleo (em geral, produzidos pelos processos de refino) sem queima de matéria-prima. O gás, então, é submetido à combustão em uma turbina a gás e o resíduo de calor é usado para criar o vapor que serve de combustível para uma turbina a vapor. O dióxido de enxofre e outras impurezas são removidos antes da combustão do gás. O processo utiliza menos água e resulta em aproximadamente 50% menos resíduos sólidos do que as plantas convencionais ativadas por carvão (que provocam a combustão de carvão pulverizado para criar vapor), além de produzir um fluxo puro de $CO_2$ que pode ser separado e captado com menos penalidades em termos de energia e menores custos incrementais do que nas plantas que utilizam carvão pulverizado. Outro benefício é o potencial de remover mercúrio a custos menores do que nas plantas convencionais ativadas por carvão.

Outras empresas estão em busca de oportunidades semelhantes de produtos e processos que lhes permitam aproveitar a transição de mercado provocada pelos limites às emissões de carbono. A DuPont comprometeu-se a gerar 25% de seu faturamento a partir de recursos renováveis até o ano de 2010 (em 2003, esse percentual era de 14%). Para fazer isso, a empresa espera livrar-se da enorme unidade de têxteis, que fabrica roupas de náilon, poliéster e Lycra, e fabricar roupas de propanodiol de milho (como o polímero Sorona, um novo material). Da mesma maneira, a Cargill Dow LLC também está tentando fabricar produtos com "biomaterial", como camisetas, meias, garrafas de leite e autopeças feitos de amido de milho. Um de seus produtos, NatureWorks PLA, está sendo usado pela Coca-Cola para fabricar copos de refrigerante, recipientes para salada no McDonald's e enchimento para travesseiros. Isso reduz a dependência do petróleo (aliado propulsor da estratégia climática), diminui a produção de GEE, elimina materiais tóxicos do ecossistema e reduz as punições reguladoras associadas.

### *Consiga a adesão da força de trabalho*

A adesão dos empregados é essencial ao sucesso de qualquer estratégia relacionada ao clima. Empresas experientes reconhecem o benefício dobrado do engajamento dos empregados. Em primeiro lugar, os empregados são essenciais para a identificação e a implementação de qualquer iniciativa. Em segundo lugar, as iniciativas de sucesso elevam o moral e aumentam a retenção da força de trabalho. Os dois fatores se alimentam em um ciclo virtuoso. A fim de obter a adesão da força de trabalho, é preciso desenvolver programas que eduquem e motivem a força de trabalho, superem as fontes de resistência mais comuns e recompensem-na pelo trabalho bem-feito. Em última análise, o objetivo é levar a mudança climática da periferia para o centro da empresa.

**Ofereça incentivos ao comportamento.** As empresas utilizam programas tradicionais e inovadores para desenvolver a consciência interna e motivar a ação. Os métodos mais diretos associam as métricas de desempenho de energia e do clima à remuneração e às bonificações do empregado. Outras criam programas de recompensa que reconhecem feitos excepcionais na empresa como um todo. Algumas empresas realizam eventos de marketing internos, inclusive demonstrações que permitem aos empregados fazer test-drives de veículos híbridos e outras tecnologias. Outras empresas oferecem incentivos à compra de automóveis híbridos. A Bank of America reembolsa US$3 mil aos empregados de três cidades que adquirirem veículos híbridos; a Google oferece a seus empregados de expediente integral baseados nos Estados Unidos um subsídio no valor de US$5 mil para a compra de um veículo que tenha rendimento de 20 quilômetros ou mais por litro.[19]

Outras oferecem incentivos mais inovadores. A Deloitte oferece a seus 11 mil empregados no Reino Unido um cartão de crédito corporativo com créditos de carbono por meio do qual a empresa comprará reduções nas emissões de carbono. O programa Cool $Co_2$mmute, da Interface Inc., oferece aos empregados uma alternativa viável de melhorar o transporte até o local de trabalho, compensando as emissões geradas pelo deslocamento e por viagens pessoais. A Alcoa compra árvores de fornecedores locais e as distribui aos empregados, que são encorajados a plantá-las em suas comunidades ou em uma propriedade da Alcoa, a fim de enfatizar que a mudança climática é problema de todos. De modo análogo, a Interface oferece a seus empregados na América do Norte a opção de plantar árvores para comemorar seus anos de trabalho na empresa, em vez dos prêmios tradicionais pelos anos de serviço. Algumas empresas estimulam os empregados a participarem de programas locais e regionais, como o Colorado's Smart Trips, para aumentar a utilização de transportes coletivos e reduzir o rastro de carbono. Todos esses programas, dos mais tradicionais aos mais inovadores, tornam a questão da mudança climática mais tangível para as pessoas associando-a a seu dia-a-dia, ao mesmo tempo em que oferecem exemplos de como elas podem fazer diferença.

Para associar as reduções de carbono aos objetivos da empresa, algumas empresas desenvolveram esquemas internos de comércio de emissões como forma de se preparar para eventuais esquemas de comércio externo e descobriram que, embora eles não produzam as reduções de emissões mais eficientes e de custo mais baixo, estão criando oportunidades de educar a força de trabalho quanto à precificação do carbono. A Shell, por exemplo, descobriu que seu programa STEPS (Shell Tradable Emissions Permit System) sofria de alguns problemas, inclusive falta de participantes, falta de liquidez e dificuldades com a distribuição de licenças. O sistema ficou ainda mais enfraquecido pelo fato de ser voluntário e de as unidades de negócios muitas vezes solicitarem, e receberem, mais licenças. Finalmente, e de forma mais séria, havia questões legais: licenças internas com valor monetário não poderiam ser negociadas para além de fronteiras internacionais sem conseqüências fiscais significativas para os países de origem. No entanto, apesar dessas dificuldades, a Shell descobriu que os programas de negociação interna oferecem diversos benefícios: (1) podem desenvolver a conscientização entre os empregados, (2) criam um mecanismo estruturado para incorporar as considerações sobre gases de efeito estufa nas operações das unidades de negócios individualmente, (3) podem proporcionar à empresa a oportunidade de desenvolver expertise interno sobre o comércio de carbono e (4) ajudam a empresa a ganhar credibilidade nos círculos políticos.

**Supere a resistência.** Ao iniciar uma mudança dentro da empresa, seja ela relacionada ao clima ou não, a primeira pergunta a ser feita é: Quem ficará a favor e quem ficará contra? Em geral, o maior apoio para as iniciativas nessa área é encontrado nos departamentos de meio ambiente, saúde e segurança. No entanto, a mudança organizacional desperta a resistência de outros departamentos: a rotina habitual, as limitações de recursos, os problemas de comunicação, o medo do desconhecido e as ameaças ao poder estabelecido podem ser obstáculos ao longo do caminho. Segundo John Carberry, diretor de Tecnologia Ambiental da DuPont, em geral investimentos de capital para reduzir o consumo de energia encontram resistência, pois não são vistos como muito atraentes. Com minguados recursos, a certeza dos retornos em projetos de eficiência energética pode, na realidade, tornar-se um risco. A DuPont, por exemplo, eliminou o preço-sombra do carbono interno e a definição de um orçamento para projetos de eficiência energética. Os projetos de eficiência energética, portanto, precisam concorrer com outros projetos que estão sendo avaliados para financiamento. Assim, diz Carberry: "O problema é que, quando falamos em um retorno de 20% com 99% de certeza, perdemos para um grupo de marketing que promete um retorno de 40% com 60% de certeza."[20] Em última análise, vencer a resistência interna e, mais importante, conseguir apoio é essencial ao sucesso. Os entrevistados do Pew Report identificaram quatro estratégias principais para se fazer isso: estabelecer uma ligação clara entre a estratégia relacionada ao clima e os valores da empresa, demonstrar o compromisso do CEO com a questão, apresentar uma justificativa sólida em defesa das iniciativas relacionadas ao clima e educar a força de trabalho.

A maneira mais direta de associar a estratégia relacionada ao clima aos valores da empresa é desenvolver mecanismos financeiros que criem sinais de precificação internos para impulsionar a inovação e as atitudes relacionadas à questão. Muitas empresas adotam uma combinação de abordagens para financiar as estratégias relacionadas ao clima e avaliam os possíveis investimentos, inclusive um pool especial de capital de investimento, preços-sombra do carbono e taxas mínimas de retorno internas menores.[21]

A Shell, por exemplo, utiliza três preços-sombra internos diferentes para o carbono: um para a União Européia, outro para os países desenvolvidos e um terceiro para os países em desenvolvimento. Com esses preços-sombra, a Shell exige que os projetos de eficiência energética e de redução de gases de efeito estufa tenham a mesma taxa mínima de retorno que os outros investimentos. A empresa utiliza valores de longo prazo tanto para o petróleo quanto para o carbono ao avaliar os projetos de eficiência. Um dos sinais mais claros de que a mudança climática tornou-se uma questão estratégica para a empresa é o fato de os números e as fórmulas usadas para a definição do preço-sombra ou das taxas mínimas de retorno serem considerados patenteados e confidenciais.[22]

Os mecanismos financeiros internos tornam-se redundantes à medida que os regimes de carbono obrigatórios criam um preço de mercado externo real em alguns lugares. Porém, nesse ínterim, eles podem ajudar as estratégias relacionadas ao clima a competir por financiamento com outras iniciativas. A criação ou não de suportes de preço interno para os esforços de redução internos é uma decisão estratégica de sua empresa. Algumas empresas esperam que os projetos relacionados a clima mostrem resultados positivos em relação a outras iniciativas que não os têm.

**Leve a mudança climática da periferia para o centro da empresa.** Em última análise, a questão da mudança climática deve chegar até os departamentos mais bem equipados para lidar com ela. Precisa sair dos departamentos de Meio Ambiente, Saúde e Segurança e chegar ao centro das competências funcionais da empresa e, nesse processo, tornar-se uma questão de importância estratégica para a mesma. Cada empresa aborda esse desafio de maneira diferente, adequada à sua cultura e às linhas de negócios principais. Sua empresa já tem linguagem, recompensas, modelos e cultura próprias; é preciso aproveitá-los para gerar a resposta mais eficaz, algo que oriente o esforço nos níveis funcionais mais bem preparados para lidar com ela, como pesquisa e desenvolvimento, engenharia, manufatura, operações, marketing, finanças, planejamento estratégico e/ou recursos humanos. O segredo consiste em usar as estruturas existentes para sua vantagem e, ao mesmo tempo, "alongar" essas estruturas, de modo a acomodar novas questões e, possivelmente, novas abordagens.

Muitas empresas optam por incubar suas iniciativas relativas ao clima em departamentos específicos e, depois, quando estiverem prontas para a comercialização, transferi-las para os departamentos principais. Por exemplo, muitas empresas desenvolvem programas de negociação de carbono em departamentos protegidos e depois os levam às divisões que negociam commodities, à medida que os programas obrigatórios entram em cena. A Swiss Re, por exemplo, criou um departamento chamado Greenhouse Gas Risk Solutions (GHGRS), dissolvendo-o quando suas ofertas maduras, inclusive negociações de carbono, produtos de seguro e derivativos de clima, foram redistribuídas entre os grupos principais de produtos. O chefe do departamento recebeu uma nova atribuição: levar produtos relacionados ao clima e à sustentabilidade ao mercado. Integrando, com sucesso, as atividades relacionadas ao clima a vários de seus negócios principais, como mercados de capital, consciência de riscos e gerenciamento de carbono/energia limpa, a Swiss Re pôde engajar melhor a mudança climática como questão estratégica na empresa.

### *Aprenda a participar do comércio de carbono*

Você sabe qual é a diferença entre certificados de energia renovável (RECS – Renewable Energy Credit), unidades de quantidade atribuída (AAUs – Assigned Amount Units), reduções de emissão verificadas (VERs – Verified Emission Reductions), certificados de emissões reduzidas (CERs – Certified Emission Redctions), unidades de redução de emissões (ERUs – Emission Reduction Units) e permissões da União Européia (EUAs – European Union Allowances)? Se não sabe, está ficando de fora do mercado de carbono, em franco crescimento. Segundo um relatório publicado pelo Banco Mundial (*State and Trends of the Carbon Market 2007*), o mercado de créditos de carbono cresceu mais rápido do que o esperado em 2006, passando de US$10 bilhões, em 2005, para US$30 bilhões, em 2007. Cerca de 85% dessa atividade ocorreu na área de *transações baseadas em permissões*, no âmbito de programas do tipo *cap-and-trade*, como as AAUs sob o Protocolo de Kyoto ou as EUAs sob o Esquema de Comércio de Emissões da União Européia (EU Emission Trading Scheme). Algumas das transações baseadas em permissões ocorreram também em mercados não-regulados, como os quase US$38 milhões em VERs negociadas na CCX e no mercado de New South Wales (NSW). Pouco mais de 15% desse comércio foi realizado sob a forma de *projetos baseados em transações*, nos quais os créditos de emissões foram comprados de um projeto, como os CERs gerados pela Implementação Conjunta (IC) do Protocolo de Kyoto e das ERUs geradas por Mecanismos de Desenvolvimento Limpo (MDL) previstos no protocolo. Finalmente, existe um mercado crescente para as *transações voluntárias* destinadas a compensar as emissões. É importante saber diferenciar esses três tipos de transações antes de se arriscar nos mercados de carbono.

**Transações baseadas em permissões.** Historicamente, o direito de emitir uma tonelada métrica de $CO_2$e girou entre US$15 e US$40 nas bolsas da União Européia de meados de 2005 até o final de 2006. Em novembro de 2006, o preço caiu drasticamente, da faixa dos US$20, quando a oferta tornou-se muito maior do que a demanda, e, em meados de 2007, o preço chegou a US$0,39/tonelada. Flutuações de preço voláteis são características de mercados pequenos e imaturos, mas os analistas esperam que os preços se acomodem na faixa dos US$20 a US$40 durante o segundo período de compromisso. Esses mercados de carbono ainda estão crescendo e crescerão com maior rapidez quando atores maiores (como os dos Estados Unidos) entrarem no mercado.

Os preços na CCX giram em torno de US$2 a US$4 por tonelada. Programas de comércio não-regulados como a CCX oferecem benefícios ao ajudar as empresas a desenvolver expertise na coleta de dados, análise e divulgação dos dados, e poderiam ser a espinha dorsal de um programa nacional de comércio de emissões nos Estados Unidos. Além disso, a CCX pode funcionar como uma maneira de registrar, verificar e realizar a auditoria de suas reduções.

**Transações baseadas em projetos.** Existem dois mecanismos dentro do Protocolo de Kyoto que permitem às empresas adquirir créditos de carbono baseados em projeto. A IC envolve JI negociações entre países com uma meta de emissões no âmbito do Protocolo; o MDL envolve negociações entre um país com uma meta no âmbito do protocolo e outro sem. Das transações baseadas em projetos, a China foi o maior vendedor de créditos (61%), seguida da Índia (12%) e do Brasil (4%). A UE foi a maior compradora de créditos, adquirindo 86% da oferta. Os créditos foram vendidos por preços que variavam de US$5 a US$10 por tonelada, resultando em um fluxo de capital de comprador para vendedor de aproximadamente US$8 bilhões desde 2002.

Os projetos de Implementação Conjunta tiveram uso eficaz, embora limitado. Os MDL, por outro lado, foram muito mais usados e também muito mais criticados. Embora os princípios do MDL possam ser válidos, as regras de implementação são consideradas altamente falhas por muitos. Um relatório realizado pelo Centre for Science and the Environment revelou que havia falta de transparência no programa, os projetos eram escolhidos mais em função do consultor do que do mérito do projeto em si e dizia que as métricas ainda não haviam sido atingidas.[23] Em muitos casos, o atrativo dos lucros dos acordos realizados com MDL levou banqueiros, consultores e industriais a estruturá-los, muitas vezes a um custo extremamente alto. Por exemplo, uma reportagem de capa publicada em janeiro pelo *The New York*

*Times* mostrou que países industrializados poderiam pagar US$800 milhões por ano para comprar créditos para a destruição do HFC-23, um GEE muito potente, enquanto o custo de construção e operação dos incineradores seria de apenas US$31 milhões por ano. No entanto, por mais falha que seja a implementação dos MDLs, o elo entre desenvolvimento e mudança climática é tão forte que podemos esperar sua permanência além do período de *compliance* (atendimento a requisitos de leis, normas e códigos) do atual Tratado de Kyoto. O Stern Report observa que US$100 bilhões devem ser destinados aos países em desenvolvimento para ajudá-los a desenvolver-se de uma forma que satisfaça a nossa necessidade global de reduzir as emissões de gases de efeito estufa. Atualmente, o MDL e a IC são os únicos mecanismos para a concretização dessa meta. Outros sugerem que o MDL pode ser usado como "cenoura" para atrair os países em desenvolvimento a participarem de um programa de redução de GEE.

**Transações voluntárias.** Por fim, existe um grande e desregulamentado mercado voluntário nos créditos de carbono baseados em projetos. As vendas mundiais de compensações voluntárias de carbono cresceram de US$6 milhões, em 2004, para US$110 milhões, em 2006, devendo chegar a US$4 bilhões até 2010. Tanto os RECs quanto as VERs podem ser reconhecidos em esquemas de regulamentação futuros, mas tal reconhecimento não é garantido, uma vez que os padrões estão sendo desenvolvidos atualmente. O Banco Mundial adverte para o fato de que esse segmento voluntário carece de um padrão aceito de modo geral, sendo assolado por mecanismos fracos para a verificação da real ocorrência dos cortes de emissões alegados. Essa situação leva à necessidade de advertência quanto ao uso de compensações como VERS ou RECs para concretizar suas metas.

**Cuidado com o excesso de utilização das compensações.** As compensações constituem uma maneira muito popular de oferecer um necessário elemento de flexibilidade a muitos programas *cap-and-trade*, e há muito em jogo na definição das regras que dizem o que constitui um tipo aceitável de compensação. Mas este pode ser um terreno muito traiçoeiro. Faça seu dever de casa e saiba de quem está comprando créditos, como o vendedor está usando seu dinheiro e se as reduções são legítimas. Mesmo tomadas essas providências, essa pode ser uma maneira arriscada de alcançar seus objetivos.

Operacionalmente, o cálculo das RECs é muito pouco claro; atualmente, não existe uma padronização, embora o Center for Resource Solutions esteja criando diretrizes que permitem a contabilização dos CERs como compensações de carbono. Do ponto de vista ambiental, os benefícios das VERs são altamente questionáveis. As empresas podem vender energia gerada por uma fonte de energia verde e, em seguida, vender os benefícios ambientais separadamente. Assim, os atributos "limpos" dessa energia poderiam ser vendidos duas vezes. E do ponto de vista ético, muitos vêem isso como uma maneira de se livrar da obrigação de reduzir as emissões de gases de efeito estufa. Al Gore enfrentou crítica semelhante quando tentou se livrar das acusações de uso de energia extremamente alto em sua casa, dizendo que havia compensado tais emissões. A utilização excessiva das VERs poderia deixá-lo exposto a essa crítica, e abandonado pela sorte, em uma estrutura reguladora futura em que as VERs não sejam válidas. Dito isso, ainda há muitos casos em que as VERs podem ser instrumentos válidos, cuja compra oferece benefícios em termos de marketing e relações públicas, hoje.

**Uma visão do futuro.** Quando usados corretamente, os mercados de carbono são uma oportunidade de geração de lucros com grande potencial. Indo um pouco mais adiante, qual o tamanho potencial do mercado geral de carbono? As estimativas variam de US$100 bilhões a US$3 trilhões por ano até 2010, depois que os Estados Unidos entrarem nos esquemas de comércio internacionais.[24] Atualmente, a International Emissions Trading Association (IETA) afirmou que bem mais de US$4,6 bilhões foram destinados a CERs e ERUs nos mercados regulados.

### *Recorra a ONGs*

Grande parte do trabalho necessário ao desenvolvimento de uma estratégia voltada para a mudança climática é nova para as empresas. Felizmente, existem formas de se obter ajuda de fontes nas quais talvez você não tenha pensado antes – as organizações não-governamentais (ONGs). As ONGs voltadas para o meio ambiente são muito diferentes daquelas existentes nas décadas de 1970 e 1980, tendo se sofisticado e diversificado. Ao envolvê-las em sua estratégia, é importante não considerá-las unidimensionais ou singulares.

A Environmental Defense, por exemplo, evoluiu muito em relação à organização cujo slogan não-oficial na década de 1970 era "Processe os covardes" para "Encontrando alternativas que funcionam". Para desempenhar bem seu papel na participação da compra alavancada, em 2007, da empresa de energia TXU, a Environmental Defense contratou o banco de investimento Perella Weinberg Partners, para lhe fornecer consultoria sobre o uso de táticas do mercado financeiro na negociação de fusões e aquisições.

As ONGs podem ir de um extremo a outro em termos de sofisticação organizacional, recursos e táticas. São extremamente flexíveis e rápidas, encontrando diversas maneiras de realizar suas tarefas. Talvez sua empresa sofra um piquete da Rainforest Action Network durante a negociação com o World Wildlife Fund. Pense nas ONGs como uma rede em que as táticas, a agenda e o conjunto de habilidades variam muito.

As ONGs podem atuar aconselhando o governo no desenvolvimento de políticas, seus concorrentes na criação de estratégias, ser líderes de opinião e estimular os investidores. Tenha cuidado com a capacidade das ONGs de encantar as partes envolvidas para alcançar seus objetivos – seja com banqueiros, investidores, fornecedores, clientes ou organizações religiosas. As ONGs podem ajudar a formar grupos de negócios, como fizeram com o USCAP ou o Business Environmental Leadership Council (BELC), e podem também atuar como parceiros em iniciativas ambientais corporativas, como a Environmental Defense fez com a FedEx para o desenvolvimento de uma nova geração de veículos de entrega híbridos. Podem até conquistar a simpatia do público, como fizeram recentemente a respeito da preocupação com as ameaças à segurança do urso polar. Como grupo, as ONGs realmente mobilizam os vastos aspectos de ambientes de negócio, políticos e sociais, de maneiras que terão grande importância para o sucesso de seu negócio. Mas não levam a sociedade em direções que elas próprias não desejem seguir. Assim, é útil pensar nas ONGs tanto como catalisadoras quanto como "canários na mina de carvão". Não são uma distração para seu empenho nos negócios. São faróis que servem para guiá-lo em meio à escuridão. Como tais, apontam para um futuro com restrição às emissões de carbono – e suas perspectivas e orientação podem ajudá-lo a chegar lá.

Muitas empresas começaram a procurar as ONGs em busca de conselhos para o desenvolvimento de políticas e estratégias voltadas para a mudança climática. Entre os benefícios dessas parcerias, estão: o acesso a informações científicas, técnicas ou políticas; acesso à expertise especializada; compartilhamento de informações com outras empresas; a oportunidade de testar idéias antes de divulgá-las ao público; e a verificação das reduções de emissões obtidas pela empresa. As ONGs podem trabalhar com empresas por meio de grupos de trabalho formais, como o BELC, conselhos e painéis internos, iniciativas financiadas pela empresa para a promoção de pesquisas técnicas ou conscientização do público; podem funcionar também como representantes dos interesses da comunidade. Segundo Linda Fisher, vice-presidente e CSO (Chief Sustainability Officer) da DuPont: "Podemos aprender muito com as ONGs. Elas podem nos abrir os olhos para as oportunidades de mercado. Além disso, podem dar legitimidade aos compromissos da empresa com o meio ambiente."[25]

## *Decida se quer divulgar as atividades relacionadas às reduções das emissões de GEE*

A decisão sobre a divulgação ou não das atividades relacionadas às reduções das emissões de GEE talvez seja uma das mais angustiantes para as empresas. Sua empresa pode ver as reduções dos gases de efeito estufa como uma oportunidade de melhorar a reputação. Os benefícios, ainda que de difícil quantificação, consistem em melhorar a reputação dos envolvidos que são importantes para o sucesso de sua empresa. Sejam eles eleitores que influenciarão as políticas futuras, jurados no julgamento de processos judiciais, investidores que consideram as estratégias ambientais para tomar decisões de investimentos, comunidades que influenciam a capacidade de sua empresa de se expandir ou construir novas instalações, repórteres que escrevem matérias sobre sua empresa, ativistas que decidem protestar contra as operações de sua empresa ou consumidores que adquirem os produtos ou serviços de sua empresa. Muitas empresas foram citadas na *Business Week* por seus feitos no combate às mudanças climáticas ou tiveram excelente classificação no Ceres por sua atuação em defesa do meio ambiente. Algumas das empresas mais visíveis que buscaram colher os benefícios da reputação pública por suas estratégias ambientais são a GE, por meio da campanha *ecomagination*, e a British Petroleum, BP, que se definiu como uma empresa que vai além do petróleo (*Beyond Petroleum*).

No entanto, ficar muito à frente de seus concorrentes nessa área pode ser também um risco, pois você pode se tornar um alvo. As pesquisas realizadas por Tom Lyon, da University of Michigan, e outros revelaram que as empresas mais visíveis na divulgação de uma imagem "verde" também podem ser as que mais se tornam alvos de protestos de ONGs (como muitas empresas de energia estão vendo agora).[26] Levantando a bandeira verde, talvez você se torne alvo fácil para as críticas dos ativistas. Ou, como explicou um executivo do setor de petróleo, "a natureza do negócio é tal que pode ocorrer um desastre a qualquer minuto e os custos serão altíssimos. Estamos tentando descobrir qual a posição mais adequada em relação ao meio ambiente. Acreditamos que, se formos bem-sucedidos, continuaremos no negócio. Mas se você ficar no negócio por tempo suficiente, ocorrerá um acidente. Sendo assim, uma vez que o acidente ocorrerá, que tipo de reputação você quer ter quando ele ocorrer? Quer estar na CNN alardeando a política verde da empresa uma noite e, no dia seguinte, um navio de sua empresa provoca um vazamento de óleo? Nós já decidimos que a resposta é não".[27]

No final, a decisão estratégica gira em torno de querer, ou não, correr os riscos que acompanham as oportunidades de aproveitar os benefícios sociais de uma campanha de marketing verde. Para muitas empresas, a noção de deixar valor na mesa para iniciativas climáticas é uma oportunidade desperdiçada. Elas querem extrair todos os benefícios possíveis da estratégia voltada para a mudança climática que desenvolverem. Mas aqui vai uma advertência: é preciso garantir que a mensagem esteja de acordo com a realidade. É como se diz por aí, *a melhor forma de matar um produto ruim é um bom marketing*. Desse modo, se você seguir por esse caminho, é importante garantir que o desempenho "verde" de sua empresa sobreviva ao exame minucioso que certamente se seguirá. Qualquer tentativa de projetar uma reputação excessivamente verde resultará em acusações de "greenwashing", termo usado quando uma empresa propaga práticas ambientais positivas e, na verdade, tem atuação contrária aos interesses e bens ambientais. E ser acusado de meramente alardear medidas para mitigar os efeitos dos GEE sem que nenhuma mudança real ocorra é um prato feito para ONGs, para a imprensa, para os políticos e para o público. Quaisquer possíveis benefícios se perderão, e certamente a empresa incorrerá em custos.

## Passo #3: Influencie o processo de desenvolvimento de políticas

Há um antigo ditado em Oklahoma que resume a necessidade de influenciar o desenvolvimento de políticas:

*Quem não está à mesa está no menu*

Qualquer política que regule as emissões de gases de efeito estufa definirá as regras do jogo e modificará a paisagem competitiva, favorecendo determinadas ações, empresas e setores. Para manter certo controle sobre o ambiente de negócios futuro, você deve monitorar e prever as opções que estão sendo consideradas no âmbito das políticas pendentes para a emissão de gases de efeito estufa e a forma como elas podem afetar seus objetivos de negócios. Porém, no nível mais alto, você deve conquistar (e manter) um lugar à mesa durante o desenvolvimento dessas novas regulamentações, lembrando sempre que atitudes confiáveis lhe proporcionarão maior alavancagem no processo. Até mesmo a Swiss Re, cujas emissões são mínimas se comparadas às de outros emissores, sente que precisa tomar alguma medida para reduzir seu rastro de carbono, a fim de se tornar uma jogadora de peso nos círculos das definições de políticas ambientais.

Não é difícil enxergar o valor estratégico de se ter um lugar à mesa em que são definidas as políticas. Essa é uma estratégia de negócios bastante direta. Jim Rogers, CEO da Duke Energy, afirma que o envolvimento com o governo é necessário para evitar "o risco da canetada, o risco de um regulador ou congressista assinar uma lei que pode mudar o valor de nossos ativos da noite para o dia... Se há uma probabilidade alta de haver uma regulação, temos de nos posicionar para influenciar o resultado".[28] David Hone, da Shell, afirma, sem rodeios: "Se você está fazendo negócios com alguém e esse alguém está definindo as regras do jogo, certamente vai querer defender seu lado."[29] Para a Shell e a British Petroleum, isso já compensou. As duas influenciaram o desenvolvimento das Diretivas para o Comércio de Emissões na União Européia e no Reino Unido, usando como base sua longa experiência na redução de carbono.

No entanto, o envolvimento de empresas na definição de políticas é mais do que uma questão de interesse pessoal – pode servir para aperfeiçoar as políticas. As empresas podem proporcionar insights valiosos sobre caminhos capazes de gerar políticas mais eficazes em termos de custos e mais eficientes. A realidade é que o governo, sozinho, não dará conta do recado. Não tem capacidade de entender as implicações em todos os setores da economia das diferentes opções de políticas. Sua empresa tem motivos para se sentar à mesa e, se você não estiver lá para ajudar a definir as regras, seus concorrentes estarão. Desse modo, como conquistar um lugar à mesa? Essa pergunta tem dois componentes importantíssimos: (1) O que está em jogo na mesa? (2) Onde está a mesa?

## *Descubra o que está em jogo*

A questão mais importante nas políticas para as corporações, segundo uma pesquisa realizada em 2005 pela Deloitte Research (*Which Way to Value? The U.S. Power and Utility Sector, 2005–2010*), foi o comércio de emissões, a opção mais viável politicamente. (Padrões de desempenho, como novos padrões para eletrodomésticos e construções, padrões de portfolio de formas renováveis de energia [RPS – Renewable Portfólio Standards], e padrões de consumo corporativo de combustível médio [CAFE – Corporate Average Fuel Economy], provavelmente também serão desenvolvidos em conjunto com sistemas *cap-and-trade*). O problema, entretanto, está nos detalhes, e o formato exato de definição das regras de comércio pode ter imensa influência para determinar vencedores e perdedores em um regime de controle das emissões de carbono. Ainda que existam muitas questões a serem resolvidas, cinco delas são de extrema importância para o resultado de um programa de comércio de carbono.

- A primeira questão é *o que contar*: emissões diretas ou indiretas? As emissões diretas provêm de fontes de propriedade da empresa e, de um modo geral, incluem emissões geradas pelos processos de produção na empresa, a combustão direta de combustíveis fósseis em caldeiras e depósitos de água quente, e a geração de energia nas instalações da empresa. São relativamente diretas, mas as maneiras como as empresas medem atualmente as emissões indiretas – ou seja, as emissões que não ocorrem diretamente nas instalações da empresa que as está reportando – variam muito. As fontes mais comumente relatadas são eletricidade, aquecimento ou resfriamento, bem como vapor comprado de terceiros. No entanto, isso eleva o risco de se contarem duas vezes as emissões se o vendedor também as estiver contabilizando como reduções das emissões diretas. Outras fontes de emissões indiretas podem ser as emissões causadas pelo uso de seus produtos. Para a Whirpool, o uso de eletrodomésticos representa 93% do perfil de GEE da empresa e o principal foco dos esforços de redução de emissões da empresa. Como você pode ver, a inclusão de emissões indiretas é essencial para a capacidade da empresa de participar de um regime de comércio de carbono. Como regra geral, é uma boa idéia avaliar seu rastro de carbono em toda a cadeia de valor de sua empresa, em vez de simplesmente ter uma noção de suas emissões diretas, a fim de entender o escopo do impacto sobre sua empresa.

Uma questão relacionada é a utilização de metas absolutas ou indexadas que são normalizadas em função da receita ou do peso de material. Atualmente, muitas empresas utilizam ambas as medidas. Mas embora a administração Bush favoreça as metas indexadas, há todo um movimento em favor da divulgação das métricas absolutas. Como mencionamos anteriormente, o NCEP reverteu sua recomendação de uma meta ambiental baseada em reduções anuais da intensidade das emissões (redução anual de 2,4% nas emissões de GEE por dólar do PIB), defendendo uma meta absoluta para 2007.

- A segunda questão é o *crédito pela ação antecipada*. Depois de implementado o sistema obrigatório, é importante não penalizar aqueles que tomaram a iniciativa de agir antes do surgimento das regulações, recompensar as empresas pelo que já fizeram e, assim, eliminar um incentivo perverso para aumentar as emissões ao se prever o surgimento das novas regras. As empresas argumentam ser injusto não levar o crédito pela ação antecipada, pois já abordaram as oportunidades de redução de emissões mais baratas e estarão diante das opções mais caras quando o programa começar oficialmente.

- A terceira questão é a *alocação de permissões em um sistema de* cap-and-trade. Embora essa questão, assim como a questão do que se deve contar, tenha pouca importância para os resultados ambientais ou para os custos gerais à sociedade, é relevante para a eqüidade do sistema. A alocação afeta a distribuição de benefícios e fardos entre empresas e setores. Além da questão de quantas licenças devem ser alocadas (emissores de gases de efeito estufa podem convencer os reguladores a emitir licenças demais, como ocorreu na UE), os críticos advertem para o fato de que a alocação não deveria ser imposta com base apenas nas emissões ou no *throughput* de combustíveis fósseis, mas também na capacidade de evitar custos, nas oportunidades de redução de emissões e na elasticidade da demanda do consumidor quanto ao produto gerado pela empresa ou setor em respostas a preços maiores. Isso leva a uma abordagem mista que combina a livre alocação com um leilão parcial. O USCAP propõe uma alocação de permissões inicial gratuita para os setores que serão mais adversamente afetados pelas políticas referentes às mudanças climáticas e uma alocação subseqüente que tenha baixos custos de transação.

- A quarta questão é a inclusão de um *mecanismo de controle de custos* garantindo que o custo das permissões de emissão não se torne elevado demais nos anos iniciais do programa. Entre as opções, estão: um teto de custos, empréstimos, reservas estratégicas de permissões, alocações preferenciais, financiamento dedicado, incentivos ao desenvolvimento de tecnologia e ajuda na transição. Desses, o teto de custo, ou "válvula de segurança", é uma proposta comum para aliviar os receios, entre a comunidade empresarial, de que os custos de *compliance* sejam onerosos demais. Na ausência do teto de custo, um estudo realizado pelo MIT Joint Program on the Science and Policy of Climate Change (Assessment of U.S. Cap-and-Trade Proposals) concluiu que o preço das licenças para emissão de carbono para as políticas relacionadas aos GEE ficaria entre US$30 e US$50 por tonelada de $CO_2$e durante o período inicial, subindo para US$120 a US$$200 até o ano de 2050. Os atuais projetos de lei que tramitam no Congresso norte-americano recomendam uma "válvula de segurança" inicial que varia de US$7 a US$10 por tonelada de $CO_2$e, aumentando gradualmente a cada ano em termos nominais.

- Por fim, há a questão de *quem regular*. O comércio poderia ser instituído em toda a economia, com a seguinte lógica: quanto maior o número de fontes abrangidas, menor será o custo das reduções. Outros sugerem a idéia de padrões baseados em setores, em que as empresas de um mesmo setor estarão expostas ao mesmo tipo de estrutura de regulamentação ao redor do mundo. A lógica é que tais padrões cruzarão as fronteiras nacionais. Assim, independentemente de as economias emergentes participarem ou não de um acordo pós-2012, todos os participantes daquele setor, ao redor do mundo, teriam as mesmas obrigações, independentemente dos interesses de soberania. Outros observam que os tetos de emissões para setores inteiros impedem que os setores com menor custo de carbono (como o de transporte) cogitem preços muito baixos para o carbono, chegando a níveis que impactem adversamente os setores com custo mais alto de carbono (como a indústria manufatureira). Isso impediria os setores que fazem uso intensivo de energia – considerados os que têm mais em jogo – de captar o processo de regulamentação. Os críticos advertem, porém, que a definição de padrões para setores inteiros criará um campo de jogo desigual, além de gerar a questão da definição de vários padrões para vários setores.

Uma alternativa aos padrões setoriais é a proposta de regular a montante, a jusante ou ambos. Um programa a montante abrange os produtores de combustíveis fósseis quanto ao combustível vendido por eles. Os EU ETS, por exemplo, abrangem apenas indústrias e empresas geradoras/distribuidoras de energia. A Regional Greenhouse Gas Initiative (RGGI) inclui somente o $CO_2$ de usinas de energia na região, mas pode ser expandida futuramente, a fim de incluir também outras fontes de emissão de GEE. Uma abordagem a jusante concentra-se em grandes fontes estacionárias; e uma abordagem híbrida inclui os dois tipos de fonte. Os defensores de programas a montante alegam que um programa desse tipo requer que aos produtores de combustíveis fósseis (ou os distribuidores de gás natural) sejam alocadas permissões iguais às emissões liberadas durante a queima do combustível, aumentando, assim, o custo da permissão de redução de emissões ao preço do combustível, que, então, será distribuído em toda a cadeia econômica.

### *Descubra onde está a mesa*

O desafio consiste em saber onde está a mesa. Estão sendo definidos padrões no mundo inteiro; aquele que se tornar o padrão de ouro lhe dirá a que mesa se sentar. E isso requer que você se sente a todas as mesas ou tente adivinhar qual delas será mais relevante. Na verdade, você terá de tentar detectar onde estão os maiores impactos e também os maiores benefícios.

Por exemplo, você poderia se envolver na RGGI. Poderia fazer lobby na Califórnia quando o California Air Resources Board começar a desenvolver regras de divulgação obrigatória das emissões no âmbito da Assembly Bill 32. Poderia fazer lobby nos estados que desenvolveram metas de redução de emissão de GEE, planos de ação climática, RPSs ou incentivos para a promoção de etanol. Para evitar uma colcha de retalhos de regulações estaduais, você poderia ir ao nível federal e dar seu depoimento em um dos comitês no Congresso norte-americano que vêm realizando audiências. Poderia fazer lobby para um dos inúmeros projetos de lei relacionados ao clima que aguardam votação nos Estados Unidos. Poderia participar de discussões no Reino Unido, Japão ou em qualquer dos outros países signatários do Protocolo de Kyoto. Poderia passar ao nível internacional e se envolver no UNFCCC e no debate das regras que serão estabelecidas quando o Tratado de Kyoto expirar. É importante que você se envolva nos níveis em que possa causar maior impacto. Se você for uma empresa regional, talvez o nível estadual seja um bom ponto de partida. Por outro lado, se for uma grande multinacional, sugerimos que se envolva no diálogo internacional, bem como nos debates nacionais sobre mudanças climáticas.

Certamente, porém, seria um enorme dispêndio de recursos marcar presença em cada uma dessas mesas. Para ser mais eficiente, você poderia pensar em se juntar a muitos dos grupos setoriais que vêm se formando em diferentes níveis dessas negociações. Você poderia se envolver na CCX, no estabelecimento dos protocolos de comércio de GEE. Poderia se juntar ao USCAP, BELC, GROCC ou a uma das muitas associações de negócios que abordam a questão. Outras empresas envolvem ativamente grupos de investidores, como o Ceres, o Interfaith Center on Corporate Responsibility (ICCR) e o Carbon Disclosure Project (CDP) nessas questões.

A essa altura, já deve estar bem claro: a paisagem assume rapidamente novos contornos e há muito em jogo. Como se envolver no processo é menos importante do que a realidade de que *é preciso* se envolver no processo. Como jogar o jogo dos gases de efeito estufa? Você pode ficar à margem e deixar que seus concorrentes definam as regras do jogo. Ou pode entrar no jogo e expressar seus interesses.

# 4

# Os próximos passos

A distorção de mercado da energia artificialmente barata tem seus dias contados. As mudanças climáticas estão forçando os mercados a criar um valor para o carbono que modificará praticamente todos os aspectos da economia. Isso levará os inovadores a lançar um novo olhar sobre a utilização da energia, buscando soluções onde antes elas sequer eram vistas. Como Edwin Land gostava de dizer: "Não é que precisemos de idéias novas; precisamos é parar de ter idéias velhas." Ver as coisas de maneira diferente é o segredo da inovação em muitos produtos e processos a nosso redor que são dados como certos. Automóveis que recaptem energia ao frear; elevadores que adotem os mesmos princípios ao descer; plásticos feitos de material celulósico e biodegradável; lavadoras que usem 65% menos água e energia, mas limpem melhor; lava-pratos que possam ser programadas para ligar quando a demanda de energia for baixa.

Essas tecnologias já existem e a transição de mercado que irá torná-las ainda mais rentáveis já está a caminho. Estão surgindo riscos e oportunidades; vencedores e perdedores começam a se definir. Como explica Linda Fisher: "Precisamos entender, medir e avaliar as oportunidades de mercado. Como saber e como comunicar que produtos terão sucesso em um mundo com limitações à emissão de gases de efeito estufa? Como deveremos definir o alvo de nossas pesquisas? Será que encontraremos de fato alternativas criativas de usar energia renovável? Poderemos mudar o comportamento da sociedade por meio de produtos e tecnologias? A empresa que tiver respostas para essas perguntas sairá vencedora."[30]

Essa pergunta se aplica a todas as empresas, pois todas elas estão sendo afetadas, em maior ou menor grau, pela questão da mudança climática. Você tem obrigação gerencial e fiduciária de avaliar a exposição de sua empresa e decidir que curso de ação relacionado ao clima é mais prudente. Fazer nada significa perder inúmeras oportunidades financeiras no médio prazo e encarar desafios financeiros, operacionais e políticos no longo prazo. Olhando para a frente, é importante observar três fatores importantes como sinais da mudança de mercado:

- **Definição de regulações**. Quando se define uma política, a paisagem de negócios muda radicalmente. Surgem sinais de mercado que impulsionarão a tecnologia e os produtos na direção de um rastro de carbono reduzido. As políticas que definem um preço para o carbono são tanto diretas (por exemplo, um limite para as emissões de carbono) quanto indiretas (por exemplo, o estabelecimento de padrões para as fontes de energia renovável). O *timing* dessa mudança torna-se uma preocupação crítica. David Hone, consultor de mudanças climáticas da Shell, explica: "O segredo está tanto em influenciar as regras do jogo quanto no ritmo da mudança para uma nova estratégia baseada nos limites às emissões de carbono. Consiste em saber qual será a próxima tecnologia para a produção de energia e em mudar quando o mercado estiver pronto para recompensá-la. Não sairemos do negócio de petróleo no curto prazo... [É preciso perguntar] Qual será o iPod do mercado de energia? Já existe? É preciso observar sempre."[31] Os governos também alterarão mercados ao oferecer apoio para P&D em tecnologias de ponta que propiciem reduções nas emissões de carbono (como a tecnologia de carvão limpo; seqüestro de carbono, gás sintético; e energia eólica, solar e até mesmo nuclear). Em uma pesquisa de 2007 publicada pela *CEO Magazine*, 69% dos CEOs sentiam que as empresas deveriam contar com apoio governamental para investir em inovações em energias alternativas, tanto por ser uma preocupação ambiental quanto por ser também uma questão de segurança energética.[32] A menção a tal apoio é bem recebida por governos ao redor do mundo e favorece os gastos diretos do governo em P&D relacionados à energia, bem como alterações na legislação tributária relevante para a energia, que provavelmente aumentarão os investimentos do setor privado em P&D na área de energia.

- **O aumento dos preços da energia.** Esse segundo elemento propulsor terá implicações variadas para diferentes setores e empresas. Se, por um lado, os aumentos no preço da energia ajudam as empresas que promovem produtos com maior eficiência energética no mercado, por outro, representam uma ameaça aos setores que fazem uso intensivo da energia. O McKinsey Global Institute relata que a demanda geral de energia aumentou 1,6% ao ano na última década e continuará aumentando até 2,2% ao ano ao longo dos próximos 15 anos. A Energy Information Agency prevê que a demanda mundial de petróleo aumentará 47% de 2003 a 2030. Grande parte dessa demanda virá do apetite cada vez maior dos países em desenvolvimento, que precisam de energia para abastecer seu crescimento contínuo. A economia chinesa, por exemplo, cresceu 9,3% em 2005. Para abastecer esse crescimento, o país acrescentou 102GW de capacidade de energia em 2006, 25% acima do que previam as estimativas oficiais anteriores (90% dessa energia vêm do carvão). A economia indiana cresceu 7,6%; a da Rússia, 5,9%. Comparativamente, a economia dos Estados Unidos cresceu 3,4%. À medida que a demanda supera a oferta, os princípios econômicos nos dizem que os preços vão aumentar.

- **Interesse dentro da comunidade de investidores.** Os mercados de energia limpa também estão crescendo. Segundo a New Energy Finance, a receita anual combinada de células fotovoltáicas, energia eólica, biocombustíveis e células de combustível aumentou quase 39% (de US$40 bilhões, em 2005, para US$55 bilhões, em 2006). Outras estimativas falam em um recorde de US$70,9 bilhões. A Clean Edge, empresa de pesquisas de mercado e consultoria em tecnologias limpas, prevê que essas quatro tecnologias poderiam se tornar um mercado de US$226 bilhões até 2016.[33] Só o mercado global de energia eólica cresceu 32% em 2006. E, com números como esses, os dólares em investimentos começam a jorrar. Em 2006, os investimentos totais em capital de risco nos Estados Unidos voltados para as empresas de energia limpa alcançaram US$2,4 bilhões, mais de 9% de todos os desembolsos de capital de risco. Ao anunciar uma reserva de US$100 milhões para investimentos em tecnologias mais limpas para a produção de energia, transportes, ar e água, John Doerr, investidor da Kleiner Perkins Caufield & Byers, disse: "Essa área de tecnologia verde poderia ser a maior oportunidade econômica do século XXI. Nunca houve época melhor do que agora para iniciar ou acelerar um empreendimento na área de tecnologias verdes."[34] Robert Metcalfe, fundador da 3Com, hoje investidor de risco, aborda a questão de maneira mais direta: "Você teria de ser um idiota para não perceber a enorme oportunidade no mercado de energia."[35]

Escreveu Matt Richtel no *The New York Times:* "A era das pontocom do Vale do Silício pode estar dando lugar à era das wattpontocom."[36] No entanto, os menores recomendam prudência. Talvez refletindo um excesso de confiança nessa área, Metcalfe afirma com orgulho: "Vamos resolver o problema da energia em 30 anos, assim como resolvemos o problema da internet em 30 anos."[37] Há a preocupação com o superaquecimento desse mercado, em função do excesso de dinheiro e da escassez de oportunidades. Porém, por enquanto, o crescimento continua. A X Prize Foundation ofereceu um prêmio de US$25 milhões ao primeiro grupo capaz de projetar e produzir um automóvel comercialmente viável que ande pelo menos 40 quilômetros com um litro de combustível. Talvez esse otimismo seja um tanto ou quanto exagerado, mas, à medida que o carbono começar a desenvolver um preço, os sinais de mercado levarão todos os segmentos da sociedade a valorizarem a energia e a eficiência energética com mais cuidado.

Com esses três elementos básicos aumentando a pressão por atitudes relacionadas às mudanças climáticas, duas questões ganharão maior atenção nos círculos empresariais. A primeira diz respeito à adaptação. A segunda é a conexão entre responsabilidade fiduciária e mudanças climáticas.

## Adaptação é o próximo passo

Até agora, prestou-se muito pouca atenção aos aspectos físicos das mudanças climáticas. No entanto, a se acreditar nos cientistas, há uma oportunidade e uma preocupação que transcendem as forças reguladoras do mercado. Será que invernos mais brandos e verões mais quentes provocarão um declínio na demanda norte-americana de combustíveis fósseis, mas um aumento na demanda de fontes de energia "limpa", como gás natural, energia eólica, gás natural, biocombustíveis, gases de aterro sanitário e energia solar? Será que as secas tornarão a água tão escassa em algumas regiões que isso provocará um aumento no preço das colheitas afetadas pela seca e criará desafios para os sistemas de abastecimento de água? Será que as mudanças nas condições climáticas vão alterar as estratégias de cultivo das grandes agroindústrias, levando-as a aproveitar as novas condições e cepas de plantas? Será que o aumento na freqüência de furacões intensos levará a riscos maiores para a infra-estrutura física das áreas costeiras? São perguntas importantes que hoje passam do domínio científico para o domínio empresarial.

A Diavik Diamond Mines Inc. utiliza "pontes de gelo" para levar equipamentos e materiais até o norte do Canadá. No entanto, o inverno de 2006 foi tão quente que as estradas fecharam cedo e o gelo nunca ficou espesso o bastante para permitir o transporte dos caminhos mais pesados. A empresa teve de absorver o custo adicional de enviar o material de helicóptero. No Alasca, o período em que é possível viajar na tundra foi reduzido de 220 dias, em 1970, para aproximadamente 100 dias, nos dias atuais. Outros impactos do degelo da tundra são alterações na estrutura dos oleodutos, edifícios e plataformas de perfuração. Mais ao sul, temperaturas em elevação podem provocar furacões mais avassaladores, como o Katrina e o Rita, que causaram danos significativos nas operações de perfuração e refino de petróleo no Golfo.

Empresas de energia, como a Exelon, esperam que a elevação das temperaturas altere previsões operacionais e de mercado para a oferta e a demanda de eletricidade, sobretudo as referentes aos picos de demanda do consumidor. Esse risco é exacerbado pela maior gravidade das tempestades, que podem danificar importantes sistemas de geração, distribuição e transmissão de energia, gerando custos de capital e de manutenção ainda mais elevados. Para se preparar, a Exelon definiu procedimentos de emergência para a eventualidade de interrupções no fornecimento ocasionadas por condições climáticas e vem planejando custos maiores e prazos para a obtenção de determinados suprimentos. Os custos de alguns suprimentos podem chegar a ser US$30–US$40 milhões mais elevados em 2006, comparados aos de 2005, devido aos efeitos dos furacões Rita e Katrina.

No início de 2007, a State Farm anunciou que ofereceria seguros a proprietários de imóveis residenciais e comerciais do estado do Mississippi, em razão de reclamações legais resultantes do furacão Katrina. Bob Trippel, vice-residente sênior da State Farm, declarou: "Para nós, não é mais prudente assumir riscos adicionais em um meio jurídico e empresarial que vem se tornando cada vez mais imprevisível."[38] O furacão Katrina foi um precursor do que está por vir em razão dos impactos físicos das mudanças climáticas. A State Farm segurou mais de 30% dos proprietários de imóveis residenciais no estado do Mississippi. Como ficou claro nesses exemplos, as mudanças climáticas já estão alterando os parâmetros operacionais de empresas nas regiões mais sensíveis do mundo. Como será que afetarão sua empresa?

## Será que as mudanças climáticas alterarão suas responsabilidades fiduciárias como CEO?

Em março de 2007, um grupo chamado Investors and Business for U.S. Climate Action conclamou a SEC – Securities and Exchange Commission (Comissão de Valores Mobiliários) – a estipular diretrizes detalhadas para que as empresas divulguem o risco de mudanças climáticas em seus relatórios financeiros. A reivindicação foi motivada pelo desejo de aliviar a incerteza dos investidores, padronizando um ambiente regulador cada vez mais complexo. Eis o futuro das mudanças climáticas como preocupação empresarial: associar as mudanças climáticas aos relatórios financeiros e à responsabilidade fiscal.

No âmago da exigência de recomendação, está a questão da "materialidade" das emissões dos gases de efeito estufa no âmbito da Regulamentação S-K, bem como da Lei Sarbanes-Oxley. Segundo a Seção 302 da Lei Sarbanes-Oxley, o CEO e o CFO devem assinar uma declaração, dando conta de que as informações fornecidas "apresentam razoavelmente em todos os aspectos materiais" a condição e os resultados financeiros da empresa. Tal provisão se aplica a toda e qualquer pessoa que atue sob sua orientação, inclusive advogados da empresa e terceirizados, responsáveis pelo controle da conformidade das normas ambientais, gerentes de fábricas e consultores externos.

Atualmente, muitos acreditam que os riscos legais relacionados ao clima para as empresas e seus diretores estão aumentando. Talvez isso seja realidade. Em *Connecticut v. American Electric Power*, oito estados e a cidade de Nova York moveram uma ação contra as cinco maiores empresas de energia elétrica do país, exigindo cortes nas emissões de $CO_2$. Em *California v. General Motors*, o estado da Califórnia moveu uma ação contra seis fabricantes de automóveis com base em uma teoria de incômodo público. E, em *Comer v. Nationwide Mutual Insurance*, 14 pessoas moveram uma ação contra oito indústrias petrolíferas especificadas, 100 entidades de refino e prospecção de petróleo que não foram identificadas, e 31 empresas de carvão que buscavam reparação com base na teoria do incômodo, considerando os réus responsáveis pela ferocidade aumentada do furacão Katrina.[39] Ainda que muitos processos judiciais sejam abandonados (tanto *California v. General Motors* quanto *Comer v. Nationwide Mutual Insurance* foram abandonados), seu surgimento é causa de preocupação entre os escritórios de advocacia que vêm aumentando sua proficiência em assuntos relacionados à mudança climática. O surgimento desses processos judiciais também está causando preocupação entre algumas das maiores seguradoras que reconsideraram as implicações da exposição às obrigações para com diretores e autoridades se o risco do clima não for adequadamente revelado e/ou abordado.

A preocupação com as exigências de certificação da Lei Sarbanes-Oxley de 2002, associada às obrigações de relato subjacentes na Regulação S-K e sua instrução de implementação, está levando mais empresas a discutir as mudanças climáticas e os riscos associados em seus relatórios anuais. Há quem observe que a importância das mudanças climáticas como preocupação empresarial provavelmente varia de setor para setor e depende de os controles dos gases de efeito estufa estarem ou não regulamentados por legislação. Um artigo publicado em 2005 no *NYU Journal of Law & Business* sugeriu: "Embora os riscos e as oportunidades das mudanças climáticas provavelmente não tenham efeitos materiais no curto prazo... as certificações exigidas pela Lei Sarbanes-Oxley colocará pressão constante sobre a gerência pela divulgação, em relatórios financeiros ou outros meios, de qualquer aspecto de risco da mudança climática que possa ser quantificado."[40] No entanto, há quem não esteja esperando por essa regulamentação. Em setembro de 2007, o procurador-geral do estado de Nova York, Andrew Cuomo, agindo sob as amplas provisões antifraude do New York Martin Act, enviou cartas e intimações a cinco fábricas operadas a carvão solicitando documentos internos e questionando se os investidores haviam recebido informações adequadas sobre os compromissos financeiros que poderiam resultar das emissões de $CO_2$ em suas fábricas. As penalidades por não apresentar uma representação adequada das finanças e operações aos acionistas no âmbito da Lei Sarbanes-Oxley podem incluir de até US$1 milhão e 10 anos de prisão para um funcionário graduado que certifique *conscientemente* um relatório que não cumpra as exigências aplicáveis. Tais penalidades podem chegar a US$5 milhões e 20 anos de prisão se tal funcionário certificar intencionalmente um relatório que não cumpra as exigências aplicáveis.

Se você não optar por considerar a mudança climática relevante para a avaliação da sua empresa e seus ativos, grupos de Wall Street podem fazê-lo por você. Por exemplo, a Innovest criou a metodologia "carbono beta" para associar sistematicamente riscos e oportunidades relacionados ao clima. Usando dados patenteados, o carbono beta incorpora três amplos fatores às decisões financeiras corporativas: (1) o custo da exposição ao risco carbono de uma empresa como percentual da receita (que pode ser de até 10% a US$20 por tonelada); (2) a exposição ao risco geográfico da empresa (ou seja, se a empresa atua em um país que ratificou o Protocolo de Kyoto ou em um país, como os Estados Unidos, em que poderia estar exposta a litígio); e (3) fatores específicos à empresa, como intensidade do uso de energia e trajetória tecnológica. Como observou o analista Doug Morrow: "A exposição a mudanças climáticas ainda não está precificada em mercados de renda fixa ou variável; assim, há grande potencial para um produto que utilize pesquisas especializadas para abordar esses fatores."[41] Em maio de 2006, a Innovest juntou-se à

UBS para oferecer um fundo de títulos com base na metodologia carbono beta.

## O segredo está em contabilizar, não em movimentos populares em defesa do meio ambiente

Sendo assim, em última análise, você não precisa examinar o grau de degelo das calotas polares nem analisar o último relatório do IPCC para saber que a mudança climática já está ocorrendo. Basta sondar o mercado, os concorrentes, o conselho de administração. Algumas associações empresariais e lobistas questionam a ciência da mudança global, mas seu número de adeptos vem se tornando cada vez menor. E as empresas, em si, estão se concentrando nos inegáveis aspectos econômicos do problema. Embora algumas empresas estejam se adaptando em função da necessidade operacional imediata, outras estão agindo para mitigar as vulnerabilidades operacionais no longo prazo, e as mais visionárias estão em busca das novas oportunidades de negócios criadas pelas mudanças climáticas e encontrando maneiras de ganhar dinheiro com energia limpa e tecnologia eficiente. À medida que as empresas começarem a investir nessa questão e a aproveitar as oportunidades, o debate público continuará mudando, ainda que em um ritmo mais acelerado. A estranha verdade é que, ainda que as avaliações científicas feitas pelo IPCC possam ser encaradas com ceticismo por um público cauteloso, as avaliações empresariais de que a mudança climática é de fato uma preocupação real dominará a mente de todos. E, se as empresas estão gastando dinheiro com isso, é porque deve ser verdade.

# Acrônimos

**AAU:** Assigned Amount Units – unidades de quantidade atribuída

**AB 32:** Assembly Bill 32 (Califórnia)

**BELC:** Business Environmental Leadership Council (Pew Center)

**BTU:** British Thermal Unit

**CAFE:** Corporate Average Fuel Economy – consumo de combustível médio corporativo

**CalPERS:** California Public Employees Retirement System

**CARB:** California Air Resources Board – organismo que cuida da qualidade do ar da EPA, na Califórnia

**CCAR:** California Climate Action Registry – sistema voluntário de redução de emissões da Califórnia

**CCNG:** Combined Cycle Natural Gas – sistema de gaseificação e ciclo combinado

**CCS:** Carbon Capture and Storage – captação e armazenamento de carbono

**CCX:** Chicago Climate Exchange – Bolsa de Carbono de Chicago – sistema voluntário de redução (e comércio) de emissões que utiliza a Bolsa de Chicago para efetuar as transações

**CDP:** Carbon Disclosure Project

**CEMs:** Continuous Emissions Monitors – sistemas de monitoramento contínuo de emissões

**CERs:** Certificados de Emissões Reduzidas

**$CH_4$:** metano

**CNO:** Chief Energy Officer

**$CO_2$:** dióxido de carbono

**$CO_2e$:** carbono equivalente, ou equivalente em carbono

**D&E:** diretores e executivos

**EIA:** Energy Information Agency

**EPA:** Environmental Protection Agency – Agência de Proteção Ambiental

**EU ETS:** European Union Emissions Trading Scheme – esquema do comércio europeu de emissões

**EUA:** Permissões da UE

**GHG:** gases de efeito estufa (GEE)

**GHGRS:** Greenhouse Gas Risk Solutions (departamento)

**GROCC:** Global Roundtable on Climate Change – Mesa-redonda Global sobre Mudanças Climáticas

**Gt:** gigaton (1 bilhão de toneladas)

**GWP:** Global Warming Potential – potencial de aquecimento global

**HFCs:** hidrofluorcarbonos

**ICCR:** Interfaith Center on Corporate Responsibility

**IEA:** International Energy Agency

**IETA:** International Emission Trading Association

**IGCC:** sistema integrado de gaseificação e ciclo combinado

**IPCC:** Intergovernmental Panel on Climate Change

**JI:** implementação conjunta

**MDL:** Mecanismo de Desenvolvimento Limpo

**$N_2O$:** óxido nitroso

**NAP:** National Allocation Plan – plano nacional de alocação

**NCEP:** National Commission on Energy Policy

**NEETF:** National Environmental Education and Training Foundation

**NRDC:** Natural Resources Defense Council

**PFCs:** perfluorcarbonos

**ppm:** partes por milhão

**REC:** Renewable Energy Credits – Certificados de Energia Renovável

**RGGI:** Regional Greenhouse Gas Initiative

**$SF_6$:** hexafluoreto de enxofre

**STEPS:** Shell Tradable Emissions Permit System

**$TiO_2$:** dióxido de titânio

**UNFCCC:** United Nations Framework Convention on Climate Change – Convenção Quadro das Nações Unidas sobre Mudanças do Clima

**URE:** Unidade de Redução de Emissão

**USCAP:** U.S. Climate Action Partnership

**VER:** Verified Emission Reductions – reduções de emissões verificadas

**WBCSD:** World Business Council on Sustainable Development

**WRI:** World Resources Institute

# Referências bibliográficas

Bradsher, K. "Outsize Profits, and Questions, in Effort to Cut Warming Gases". *New York Times,* December 21, 2006: A1.

Capoor, K., and P. Ambrosi. *State and Trends of the Carbon Market 2007.* Washington, DC: World Bank lnstitute, 2007.

Carbon Mitigation lnitiative. *Stabilization Wedges: A Concept Game.* Princeton: Princeton University, 2007. http://www.princeton .edu/~cmi/.

Cogan, D. *Corporate Governance and Climate Change: Making the Connection.* Boston, MA: Ceres Inc., 2006.

Deloitte Research. *Which Way* to *Value? The U.S. Power and Utility* Sector; *2005–2010.* Washington, DC: Deloitte Development LLC, 2005.

Enkvist, P., T. Naucler, and J. Rosander. "A Cost Curve for Green-house Gas Reduction". *The McKinsey Quarterly,* nº1 (2007): 1–7.

Hoffman, A. *Getting Ahead of the Curve: Corporate Strategies That Address Climate Change.* Arlington, VA: The Pew Center on Global Climate Change, 2006.

Larsen, J. *Global Warming Legislation in the 110th Congress.* Washington, DC: World Resources Institute, 2007. http://www.wri.org/climate/topic_content.cfm?cid=4265.

Moran, M., A. Cohen, N. Swem, and K. Shaustyuk. "Portfolio Strategy: The Growing Interest in Environmental Issues Is Important to Both Socially Responsible and Fundamental Investors". New York: Goldman Sachs, August 26, 2005.

National Commission on Energy Policy. Energy *Policy Recommendations to the President and the 110th Congress.* Washington, DC: National Commission on Energy Policy, 2007.

Pacala, S., and R. Socolow. "Stabilization Wedges: Solving the Climate Problem for the Next 50 Years witb Current Technologies". *Science* 305 (August 2004): 968–972.

Paltsev; S.,J. M. Reilly, H. D. Jacoby, A. C. Gurgel, G. E. Metcalf, A. P. Sokolov, and J. F. Holak. *Assessment of U. S. Cap-and-Trade Proposals*. Report no. 146. Cambridge, MA: MIT Joint Program of the Science and Policy of Global Change, 2007.

Rabe, B. *Greenhouse and Statehouse: The Evolving State Government Role in Climate Change*. Arlington, VA: Pew Center on Global Climate Change, 2002.

Stern. N. *Stern Review on the Economics of Climate Change*. Cambridge: Cambridge University Press, 2007. http://www.hmtreasury.gov.uk/ independent_reviews/stern_review_economics_climate_change/stern_review_report.cfm.

The United Nations Intergovernmental Panel on Climate Change. *4th Assessment Report*. February 2007.

USCAP. *A Call for Action*. Washington, DC: U.S. Climate Action Partnership, 2007. http://www.us-cap.org.

WBCSD. *Policy Directions to 2050*. Geneva: World Business Council for Sustainable Development, 2007.

# Notas

1. P. Enkvist, T. Naucler e J. Rosander, "A Cost Curve for Greenhouse Gas Reduction", *McKinsey Quarterly*, n. 1 (2007): 1–7.

2. U.S. Mayors Climate Protection Agreement, reunião da 73a. Conferência Anual de Prefeitos dos Estados Unidos, Chicago, 2005, http://www.usmayors.org/climateprotection/documents/mcpAgreement.pdf [em inglês]

3. D. Crane, "Canada Needs to Develop a Clear Plan on Kyoto", *Toronto Star*, 18 de setembro de 2004, sec. D.

4. Convenção Quadro das Nações Unidas sobre Mudança do Clima, 1992.

5. "If the Cap Fits", *Wall Street Journal*, 26 de janeiro de 2007, sec. A.

6. M. Dalton, "Group Seeks Greenhouse-Gas Cuts", *Wall Street Journal*, 21 de fevereiro de 2007, sec. B.

7. E. Luce, "US Business Lobbies for Emissions Cuts", *Financial Times*, 19 de março de 2007, sec. A.

8. A. Hoffman, *Getting Ahead of the Curve: Corporate Strategies That Address Climate Change* (Arlington, VA: The Pew Center on Global Climate Change, 2006).
9. Ibid.
10. Para saber mais sobre as políticas ambientais da Goldman Sachs, consulte http://www.gs.com/our_firm/our_culture/ [em inglês apenas].
11. A. Semuels, "BofA Plan Has a Payoff for the Ecosystem", *Los Angeles Times*, 6 de março de 2007, sec. A.
12. "Citi Targets $50 Billion over 10 Years to Address Global Climate Change", *press release* do Citigroup, 8 de maio de 2007.
13. Para saber mais sobre o compromisso da Morgan Stanley com a questão ambiental, visite http://www.morganstanley.com/about/company/csr/commitment-to-environment.html [em inglês]
14. Hoffman, *Getting Ahead of the Curve.*
15. Shell International Limited, "Shell Global Scenarios to 2025", 2005; para saber mais, visite http://www.shell.com/home/Framework?siteId=aboutshell-en&FC2=&FC3=/aboutshell-en/html/iwgen/our_strategy/shell_global_scenarios/dir_global_scenarios_07112006.html [em inglês]
16. Hill & Knowlton, *Return on Environment* (Nova York: Hill & Knowlton, 2007).
17. Hoffman, *Getting Ahead of the Curve.*
18. Ibid.

19. http://www.hybridcars.com/corporate-incentives.html, acessado em 3 de março de 2006.
20. Hoffman, *Getting Ahead of the Curve.*
21. Ibid.
22. Ibid.
23. R. Gupta, S. Kazi e J. Cheatle, "Newest Biggest Deal", *Down to Earth* 14, n. 12 (novembro de 2005).
24. J. Nesmith, "Rejection of Kyoto Treaty on Climate May Leave U.S. Companies Out in Cold", *Atlanta Journal*, 27 de julho de 2002, 8G e CantorCO2e.com (2001).
25. Hoffman, *Getting Ahead of the Curve.*
26. T. Lyon e J. Maxwell, *Corporate Environmentalism and Public Policy* (Cambridge: Cambridge University Press, 2004).
27. A. Hoffman, *From Heresy to Dogma: An Institutional History of Corporate Environmentalism* (Stanford, CA: Stanford University Press, 2001), 187.
28. Hoffman, *Getting Ahead of the Curve.*
29. Ibid.
30. Ibid.
31. Ibid.
32. "Confidence Continues Strong Streak", *CEO Magazine*, 17 de março de 2007.
33. J. Makower, R. Pernick e C. Wilder, *Clean Energy Trends 2007* (San Francisco: Clean Edge Inc., 2007), http://www.cleanedge.com/reports/Trends2007.pdf, consultado em 7/março/07.

34. T. Chea, "Doerr Firm Invests in 'Green Technology'", *USA Today online,* 10 de abril de 2006, http://www.usatoday.com/tech/news/2006-04-10-green-venture-capitalist_x.htm, consultado em 22 de junho de 2006.

35. Ibid.

36. M. Ritchel, "Start-Up Fervor Shifts to Energy in Silicon Valley", *The New York Times,* 14 de março de 2007, sec. A.

37. M. Richtel, "For Internet Barons, Uncharted Investment Territory", *The New York Times,* 7 de março de 2007, sec. H.

38. "State Farm Announces It Will Suspend Writing Homeowners and Commercial Policies in Mississippi", *press release,* fevereiro de 2007, http://www.statefarm.com/about/media/media_releases/mississippi_home.asp.

39. As informações sobre *CT v. AEP* foram extraídas de T. Semans e T. Juliani, "Succeeding in a Carbon-Constrained World", *Corporate Strategy Today,* 21 de julho de 2006; as informações sobre *Comer* e *CA v. GM* foram extraídas de J. Smith, "The Implications of the Kyoto Protocol and the Global Warming Debate for Business Transactions", *NYU Journal of Law & Business* 1, n. 2 (2005): 511, 550.

40. Smith, "The Implications of the Kyoto Protocol"; veja também K. Ewing, J. Hutt e E. Petersen, "Corporate Environmental Disclosures: Old Complaints, New Expectations". *Business Law International* 5, n. 3 (2004): 459–515.

41. C. Deutsch, "Wall St. Develops the Tools to Invest in Climate Change", *The New York Times,* 24 de maio de 2006, sec. C.

**GRÁFICA PAYM**
Tel. (011) 4392-3344
paym@terra.com.br